"十四五"职业教育国家规划教材

财务会计实训

（第三版）

新准则 新税率

CAIWU KUAIJI SHIXUN

主　编　赵春宇　郑兴东　石亚四
副主编　何秀秀　陈云磊　王　芳　陈满依

新形态
教材

本书另配：微课视频
　　　　参考答案

中国教育出版传媒集团
高等教育出版社·北京

内容提要

本书是"十四五"职业教育国家规划教材，依据最新的会计准则和税收法规，以培养学生会计职业岗位技能为目标，结合制造业企业经济活动实例编写而成。

本书以制造业企业典型业务为主线，模拟企业会计核算的整个流程，从建章立制、建立完整的会计账簿体系开始，到填制和审核原始凭证与记账凭证、登记会计账簿、进行成本计算，最终完成会计报表的编制；并提供了会计信息化实训内容。本书弱化了成本核算内容，强化了财务会计中会计要素相关的典型业务核算，采用任务驱动式教学法进行编写，强调业务前后数据的关联性，有助于增强学生对相关业务核算的理解和掌握。

本书既可以作为高等职业本科院校、高等职业专科院校财经商贸大类相关课程教材，又可以作为成人教育和社会相关人员培训用书。

图书在版编目（CIP）数据

财务会计实训 / 赵春宇，郑兴东，石亚四主编.

3 版. -- 北京：高等教育出版社，2024.8（2025.1重印）. -- ISBN

978 - 7 - 04 - 062607 - 0

Ⅰ. F234.4

中国国家版本馆 CIP 数据核字第 2024C7H885 号

策划编辑 毕颖娟 钱力颖	**责任编辑** 钱力颖	**封面设计** 张文豪	**责任印制** 高忠富	

出版发行	高等教育出版社	网　址	http://www.hep.edu.cn	
社　址	北京市西城区德外大街 4 号		http://www.hep.com.cn	
邮政编码	100120	网上订购	http://www.hepmall.com.cn	
印　刷	上海盛通时代印刷有限公司		http://www.hepmall.com	
开　本	787mm × 1092mm　1/16		http://www.hepmall.cn	
印　张	15.5	版　次	2024 年 8 月第 3 版	
字　数	220 千字		2017 年 1 月第 1 版	
购书热线	010-58581118	印　次	2025 年 1 月第 2 次印刷	
咨询电话	400-810-0598	定　价	37.00 元	

第三版前言

本书是"十四五"职业教育国家规划教材。

为了认真贯彻落实《国务院关于大力发展职业教育的决定》、教育部《关于全面提高高等职业教育教学质量的若干意见》的精神，我们以财政部 2006 年颁布的企业基本会计准则和具体会计准则及有关财经法规为依据，结合高等职业教育大数据与会计及相关专业标准中的财务会计课程实训要求，同时结合截至 2024 年 7 月底的税收改革以及会计准则变化内容，为全国高等职业院校（含本科层次职业院校）大数据与会计及相关专业学生进行财务会计课程综合实训编写了本书。

本书以"会计职业考试与实践能力培养"的双重要求为特色，既满足会计职业考试的基本理论要求，又体现高等职业院校会计教学的"职业化""实践性"特点。本书以制造业企业典型业务为主线，模拟企业会计核算的整个流程，从建章立制、建立完整的会计账簿体系开始，到填制和审核会计凭证、登记会计账簿、进行成本计算，最终完成会计报表的编制结束；此外，本书将会计电算化与手工会计核算融为一体，全面提升学生实际动手能力。在编写过程中，我们重视任务驱动式教学理念。

本书具有以下特点：

（1）思政引领。为了落实立德树人根本任务，贯穿课程思政教育教学理念，在相关知识点中增加了课程思政案例，在具体内容中通过知识讲解、案例分析等方式，宣传、贯彻和落实责任担当、国家安全、依法治国、团结奋斗、节约优先、守正创新等党的二十大精神。（本书课程思政设计见下表。）

表 1　课程思政设计表

序号	教学知识点	课程思政案例
1	现金盘亏	加强货币资金管理，杜绝货币资金贪污和浪费
2	交易性金融资产	加强金融资产核算与管理，维护国家金融安全
3	长期股权投资	勇挑公司治理重担，切实履行社会责任
4	个人所得税	激发同舟共济、共克时艰的磅礴力量
5	发出存货计价方法	加强存货核算和管理，正确计算企业利润
6	销售业务	虚开增值税专用发票警示教育
7	产品成本计算	加强高技能人才建设，助推强国战略
8	固定资产减值准备	加强固定资产核算与管理，夯实企业家底
9	所得税核算	税惠助力，创新赋能，布局全球产能
10	纳税申报	江河汇流成海，分文积累强国

（2）**针对性**。本书主要目的是让初学者识别常见业务核算的原始单据，能够根据业务单据推导出业务流程，强调前后数据的关联性，知识点涵盖初级会计实务的所有内容，具有较强的针对性。

（3）**融合性**。本书分为两部分，第一部分为手工核算，第二部分为信息化处理。两个部分浑然一体，全面提升学生会计核算能力和会计信息化处理能力。

（4）**单一性**。为了培养学生的职业判断能力，提高独立处理业务的能力，本书对部分原始凭证的金额采取"学号×某金额"的方式进行计算填写，使每人的会计核算答案是唯一的。这对防范抄袭、引导学生养成良好的会计职业道德是非常有益的。

（5）**实践性**。在本书编写过程中，本源财务咨询服务有限公司、新中天会计师事务所提供了大量实务性素材和资料。

本书由安徽商贸职业技术学院赵春宇、郑兴东，安徽机电职业技术学院石亚四担任主编，由安徽商贸职业技术学院何秀秀、陈云磊，铜陵职业技术学院王芳，浙江旅游职业学院陈满依担任副主编。

由于作者水平有限，对实际工作研究不够全面，本书难免存在不足之处，在此，恳请读者批评指正，以便我们不断修改和完善。

编　者
2024 年 7 月

目　录

资源导航

1

项目一 熟悉企业概况

任务一 了解企业注册登记信息

（1）企业名称：安徽华胜节能灯有限公司。

（2）企业性质：公司制民营企业。

（3）纳税人：增值税一般纳税人，增值税税率 13%，所得税税率 25%。

（4）生产经营情况：主营业务范围是普通节能灯和 LED 节能灯的生产和销售，产品生产类型是大量大批单步骤生产。

（5）其他信息：

① 企业地址：江城市黄山东路 122 号。

② 企业法人代表：赵邦国。

③ 财务负责人：陈家伟。

④《税务登记证》号：913402027430721 28Q。

⑤ 企业账户信息：中国工商银行镜湖支行，基本户账号：13020308750950533699；工资户账号：13020276165415333088；住房公积金户账号：13021724756542159385。

企业产品生产
业务场景

任务二 熟悉企业会计机构及会计工作岗位

安徽华胜节能灯有限公司配备了 4 名会计人员，按照会计工作岗位设置的要求，分设会计主管、总账会计、成本会计和出纳 4 个岗位，各岗位职责如表 1-1 所示。

表 1-1 公司会计岗位职责表

会计岗位	岗位人员	岗位职责
会计主管	陈家伟	① 制定内部控制制度；② 审核原始凭证；③ 审核记账凭证；④ 登记总分类账；⑤ 编制财务预算、财务报表和进行财务分析；⑥ 保管财务专用章，管理会计档案
总账会计	陈晓东	① 登记除成本以外各种明细账；② 财产清查；③ 编制记账凭证；④ 期末账务处理；⑤ 编制科目汇总表
成本会计	谢欣	① 原材料、库存商品、周转材料等存货明细分类核算；② 制造费用、辅助生产成本、基本生产成本明细账的归集和分配核算；③ 成本计算和成本分析
出纳	王志	① 现金收付和银行结算业务；② 登记库存现金日记账和银行存款日记账；③ 发放职工薪酬；④ 会计档案的整理和装订；⑤ 银行对账

项目二   建立财务会计制度

任务一   熟悉企业会计工作组织及账务处理

（1）企业会计工作组织采用集中核算形式，记账方法采用借贷记账法，账务处理程序采用科目汇总表核算程序。

（2）科目汇总表每半月汇总 1 次。总账根据科目汇总表登记，每半月登记 1 次。明细分类账根据记账凭证逐笔登记。

（3）企业采用复式记账凭证，按通用记账凭证格式编制记账凭证。凭证按月编号，每月从 001 号开始。

（4）企业根据《中华人民共和国会计法》《会计基础工作规范》、企业会计准则、基本准则和具体准则等有关规定，开设总分类账、明细分类账及日记账。总分类账采用"借方""贷方"和"余额"三栏式账簿；明细分类账簿根据需要分别选用三栏式、数量金额式、多栏式、横线登记式等格式账页。

（5）企业按企业会计准则的有关规定编制资产负债表、利润表，暂不编制现金流量表和所有者权益变动表及附注。

（6）本书所用原始凭证，企业、税务、银行、运输等部门的业务印章按规定印制，并假定都符合相关制度的规定。

任务二   了解企业财务会计制度

（1）库存现金限额为 8 000 元。

（2）坏账核算采用备抵法，按应收账款年末余额的 2‰提取坏账准备。

（3）原材料采用计划成本计价，入库材料成本差异逐步结转。材料成本差异率按具体材料分类汇总计算。原材料包括灯管、发光半导体和金属配件，三者的单位计划成本分别为 10 元、14 元、0.5 元。

（4）周转材料采用实际成本计价。周转材料包括工作服和办公桌椅，领用时按先进先出法计算。其中，工作服采用一次摊销法进行摊销；办公桌椅采用五五摊销法进行摊销。

（5）库存商品采用实际成本计价，发出成本按月末一次加权平均法计算，加权平均单价计算时保留两位小数。若加权平均单价不能整除，则直接计算期末结存商品成本，倒算发出商品成本。

（6）固定资产折旧和无形资产摊销采用年限平均法。其中固定资产包括房屋类、生产设备类、管理设备类和运输设备类，房屋类月折旧率为0.4%，生产设备类月折旧率为0.8%，管理设备类月折旧率为 1.6%，运输设备类月折旧率为 2%。

（7）企业按有关规定计算缴纳社会保险费和住房公积金。基本社会保险及住房公积金以应付职工薪酬作为计提基数，计提比例如表 2−1 所示。

（8）企业福利费不预提，按实际发生额列支；工会经费和职工教育经费分别按应付职工薪酬总额的 2%、8% 比例计提。工会经费按月划拨给工会专户。

表 2-1　企业"五险一金"计提比例　　　　　　　　单位：%

项　目	企业承担	个人承担	合计
养老保险	16	8	24
医疗保险	8	2	10
失业保险	2	1	3
工伤保险	1	0	1
生育保险	0.8	0	0.8
住房公积金	10	10	20

（9）企业根据有关规定，每年按当年净利润 10% 的比例计提法定盈余公积，按净利润 40% 的比例向投资者分配利润。

（10）金额计算结果保留两位小数；计算分配率时，如果计算结果不能整除，可要求精确到小数点后 4 位，尾差按业务要求进行调整。

（11）未列明的其他事项，根据现行企业会计准则的相关规定处理。

项目三　准备模拟实训材料

任务一　准备实训材料

本书模拟实训所需材料如表 3-1 所示。

表 3-1　模拟实训所需材料明细表

序号	名称	单位	数量	序号	名称	单位	数量
1	原始凭证	张		10	会计凭证封底	张	2
2	通用记账凭证	张	200	11	会计凭证封面	张	2
3	总账(三栏式)	本	1	12	资产负债表	张	4
4	明细账(三栏式)	本	1	13	利润表	张	4
5	多栏式账页	张	10	14	账绳	米	1
6	数量金额式账页	张	15	15	装订针	盒	1
7	活页账簿封面	张	1	16	大铁夹	个	2
8	活页账簿封底	张	1	17	胶水	瓶	1
9	科目汇总表	张	10	18	其他用品	装订机、剪刀等	

注:为了节约成本,避免浪费,库存现金日记账和银行存款日记账可以不必单独留订本账,用三栏式明细账页代替,最后装订成册。

任务二　装订实训材料

1. 会计凭证的整理

装订前,要将记账凭证连同所附的原始凭证或原始凭证汇总表按编号顺序进行整理。

2. 会计凭证的装订

① 加具凭证封面;② 装订凭证;③ 凭证封面上填写好凭证种类、起止号码、凭证张数等,会计主管人员和装订人员在封面上签章;④ 原始凭证较多时可单独装订。

3. 活页式明细分类账簿的装订

① 多栏式活页账、三栏式活页账、数量金额式活页账等不得混装,应进行归类整理;② 保留已使用过的账页,将账页数填写齐全,去除空白页撤掉账夹,用牛皮纸做封面、封底;③ 装订账簿;④ 填写账簿封面,注明单位名称、所属年度及账簿名称、卷号,会计主管人员和装订人(经办人)应签章;⑤ 在会计账簿的背脊上写明会计账簿的种类和时间;⑥ 业务量大的单位,应在会计账簿的右侧贴口取纸。

4. 财务会计报表的装订

① 会计报表编制完成及时报送后,留存的报表应按月装订成册,谨防丢失;② 会计报表装订前要按编报目录核对是否齐全,整理报表页数,确保完整无缺;③ 会计报表装订顺序为:会计报表封面、会计报表编制说明、按会计报表编号顺序排列的各种会计报表、会计报表的封底;④ 按保管期限编制卷号。

5. 会计档案的移交

当年形成的会计档案,在会计年度终了后,可暂由本单位会计机构保管 1 年,期满后,应由会计机构移交本单位的档案机构统一保管。

会计凭证的装订

项目四　建账并登记账簿

任务一　建立总账并登记账簿

1. 建立资产、负债和所有者权益总账账户体系

安徽华胜节能灯有限公司 2023 年 12 月总账账户的期初余额如表 4-1 所示,请据此开设总分类账户。

总分类账的建账与登记

主要会计科目讲解

4

表 4-1　12 月月初总账账户余额表

单位:元

总账账户	借方余额	贷方余额
库存现金	1 800	
银行存款	985 000	
其他货币资金	308 300	
交易性金融资产	309 600	
应收票据	140 000	
应收账款	954 500	
坏账准备		1 909
材料采购		
原材料	550 000	
周转材料	20 600	
材料成本差异	11 690	
库存商品	1 230 000	
长期股权投资	2 500 000	
固定资产	3 090 000	
累计折旧		1 354 500
无形资产	800 000	
累计摊销		350 000
长期待摊费用	563 000	
短期借款		550 000
应付票据		140 400
应付账款		591 000
应付职工薪酬		15 050
应付利息		17 800

总　账　账　户	借 方 余 额	贷 方 余 额
应付股利		
应交税费	313 675	
长期借款		800 000
实收资本		5 000 000
资本公积		230 000
盈余公积		323 600
本年利润		1 842 615.23
利润分配		678 215.77
生产成本	116 925	
制造费用		
合　计	11 895 090	11 895 090

2. 建立损益类总账账户体系

按照账结法,损益类账户均没有期初余额。但是企业在编制利润表和清算所得税时,必须利用本年损益类账户的累计发生额。因此,在开设损益类账户时,必须先填入企业1—11月的损益类账户累计发生额数据,以便年末计算所得税。

安徽华胜节能灯有限公司1—11月的损益类账户累计发生额的资料,如表4-2所示。

表 4-2 　1—11 月损益类账户发生额汇总表　　　　单位:元

项　　目	借 方 发 生 额	贷 方 发 生 额
主营业务收入		7 846 200
主营业务成本	5 426 000	
税金及附加	78 354.77	
其他业务收入		28 500
其他业务成本	14 640	
销售费用	326 580	
管理费用	535 960	
财务费用	91 350	
资产减值损失	2 400	
信用减值损失	1 000	
投资收益		246 800
公允价值变动损益		39 600
资产处置损益		38 600
其他收益		55 000
营业外收入		90 000
营业外支出	25 800	

任务二　建立日记账并登记账簿

1. 库存现金日记账

库存现金日记账是用来逐日逐笔登记库存现金的收入、付出及结余情况的特种日记账,必须采用订本式账簿。其账页一般采用三栏式,如表 4-3 所示。

表 4-3　库存现金日记账

| 2023年 | | 凭证 | | 摘　要 | 对方科目 | 借方(收入) | 贷方(支出) | 余额 |
月	日	字	号					
12	1			月初结存				1 800

2. 银行存款日记账

银行存款日记账是用来逐日逐笔登记银行存款增减变化和结余情况的特种日记账,以加强对银行存款的日常监督和管理,并与开户银行进行核对。银行存款日记账应按企业在银行开立的账户和币种分别设置,每个银行存款账户设置一本银行存款日记账。银行存款日记账必须采用订本式账簿,其账页一般采用三栏式,如表 4-4 所示。

表 4-4　银行存款日记账

| 2023年 | | 凭证 | | 摘　要 | 对方科目 | 借方(收入) | 贷方(支出) | 余额 |
月	日	字	号					
12	1			月初结存				985 000

任务三　建立明细账并登记账簿

1. 数量金额式明细账

数量金额式明细账适用于既要反映金额,又要反映数量的资产项目,如原材料、自制半成品、库存商品、周转材料等财产物资的明细分类核算。

(1)原材料明细账有关期初余额,如表 4-5 所示。

表 4-5　"原材料"明细账(按计划成本核算)

总账账户	二级账户	计量单位	数　量	计划单价	金　额
原材料	灯管	个	20 000	10.00	200 000
原材料	发光半导体	个	24 000	14.00	336 000
原材料	金属配件	个	28 000	0.50	14 000
合　计	—	—	—	—	550 000

(2)周转材料明细账期初余额,如表 4-6 所示。

表 4-6 "周转材料"明细账(按实际成本核算)

明细账户	计量单位	数 量	实际单价	金 额
办公桌椅	套	10	1 500.00	15 000
工作服	套	20	280.00	5 600
合 计				20 600

(3)库存商品明细账期初余额,如表 4-7 所示。

表 4-7 "库存商品"明细账(按实际成本核算)

明细账户	计量单位	数 量	实际单价	金 额
普通节能灯	个	12 000	40.00	480 000
LED 节能灯	个	15 000	50.00	750 000
合 计		27 000		1 230 000

三栏式明细账
的建账与登记

2. 三栏式明细账

三栏式明细账格式与总账格式相同。它主要适用于只要求反映金额的经济业务,如应收票据、应收账款、应付账款、其他应付款等结算业务的明细分类核算。

假定安徽华胜节能灯有限公司 12 月月初有关账户明细账余额如表 4-8 所示。

表 4-8 三栏式明细账户余额表

总账账户	二级账户	明细账户	借方金额	贷方金额
其他货币资金				
	存出投资款		208 300	
	银行汇票存款		100 000	
交易性金融资产				
	海螺型材(1 万股)			
		成本	120 000	
		公允价值变动	25 400	
	海螺水泥(1 万股)			
		成本	150 000	
		公允价值变动	14 200	
应收票据				
	华联灯具		50 000	
	福海家电城		90 000	
应收账款				
	华联灯具		350 000	

续 表

总账账户	二级账户	明细账户	借方金额	贷方金额
	时尚家具		268 000	
	欣欣电子		326 500	
	红星家电城		10 000	
应付票据				
	瑞丰科技			140 400
应付账款				
	江城市供电总公司			48 000
	江城市供水公司			56 000
	盛源科技			117 000
	瑞丰科技			136 000
	中远高科			234 000
应付职工薪酬				
	短期薪酬	工资		
		工会经费		6 800
		职工教育经费		8 250
		社会保险费		
		职工福利费		
		住房公积金		
	离职后福利	养老保险		
		失业保险		
应交税费				
	应交增值税			
	未交增值税			106 325
	应交企业所得税		421 520	
	应交个人所得税			1 520
利润分配				
	提取法定盈余公积			
	应付股利			
	未分配利润			678 215.77

3.多栏式明细账

本次实训主要练习借方多栏式明细分类账的设置与登记,如"生产成本明细账""制造费用明细账"和"管理费用明细账"等。

(1)生产成本明细账。账页的格式及有关期初余额如表 4 - 9 和表 4 - 10 所示。

表 4 - 9   生产成本明细账

产品名称：普通节能灯   在产品数量：1 200 个

2023 年		凭证字号	摘　要	成本项目			合计
月	日			直接材料	直接人工	制造费用	
12	1		月初在产品成本	25 680	15 800	6 865	48 345

表 4 - 10   生产成本明细账

产品名称：LED 节能灯   在产品数量：1 300 个

2023 年		凭证字号	摘　要	成本项目			合计
月	日			直接材料	直接人工	制造费用	
12	1		月初在产品成本	38 620	22 360	7 600	68 580

(2)制造费用明细账。账页的格式如表 4 - 11 所示。

表 4 - 11   制造费用明细账

2023 年		凭证字号	摘要	费用项目					合计
月	日			材料费	人工费	折旧费	水电费	其他费	

(3)管理费用明细账。管理费用明细账按费用名称设置多栏式账页，一般包括材料费、人工费、折旧费、水电费及其他费用等。账页的格式如表 4 - 12 所示。

表 4 - 12   管理费用明细账

2023 年		凭证字号	摘要	费用项目					合计
月	日			材料费	人工费	折旧费	水电费	其他费	

4. 材料成本差异明细账

材料成本差异明细账是特种多栏式明细账。由于材料成本差异的计算涉及材料的计划成本、借方成本差异和贷方成本差异，因此，其账页的格式难以统一。材料成本差异明细账的其中一种格式，如表 4 - 13 至表 4 - 15 所示。空白账页附于项目五后面。

表 4-13 材料成本差异明细账(灯管)

材料类别：灯管

2023年		凭证		摘要	本月收入			材料成本差异率/%	本月发出			本月结存		
月	日	字	号		计划成本	借方差异	贷方差异		计划成本	借方差异	贷方差异	计划成本	借方差异	贷方差异
12	1			期初余额								200 000	2 800	

表 4-14 材料成本差异明细账(发光半导体)

材料类别：发光半导体

2023年		凭证		摘要	本月收入			材料成本差异率/%	本月发出			本月结存		
月	日	字	号		计划成本	借方差异	贷方差异		计划成本	借方差异	贷方差异	计划成本	借方差异	贷方差异
12	1			期初余额								336 000	9 040	

表 4-15 材料成本差异明细账(金属配件)

材料类别：金属配件

2023年		凭证		摘要	本月收入			材料成本差异率/%	本月发出			本月结存		
月	日	字	号		计划成本	借方差异	贷方差异		计划成本	借方差异	贷方差异	计划成本	借方差异	贷方差异
12	1			期初余额								14 000		150

项目五　处理会计业务

安徽华胜节能灯有限公司 2023 年 12 月发生的经济业务如下：

任务一　上半月会计业务处理

（1）12 月 1 日，购买中国联通股票 1 万股，作为交易性金融资产。

凭证 1-1

付款审批单

部门：行政科　　　　　　　　　　　2023 年 12 月 01 日

经手人	李茂才	事　由	短期投资
项目名称	金　额	付款方式	存出投资款
购买中国联通股票	62 134.00	附件张数	1
		备　注	
合　计	￥62 134.00	大写金额	人民币：陆万贰仟壹佰叁拾肆元整
公司领导签字	财务负责人	部门负责人	出　纳
赵邦国	陈家伟	陈友达	王志

凭证 1-2

证券交易成交报告单

券商名称：银联证券有限责任公司江城营业部

成交日期：2023-12-01	打印日期：2023-12-01
资金账号：1251122562382	证券代码：600050
客户姓名：安徽华胜节能灯有限公司	证券名称：中国联通
申报日期：2023-12-01	申报编号：CSE87865
申报时间：10:08	成交时间：10:28
成交数量：10 000	佣金：124
成交均价：6.2	印花税：
成交金额：62 000	过户费：10
收付金额：62 000	附加费用
备注：买入	清算金额：-62 134.00

（2）12 月 1 日,签发转账支票,支付广告费。

凭证 2-1

部门:销售科

付 款 审 批 单

2023 年 12 月 01 日

经手人	张广德	事　由	广告费
项目名称	金　额	付款方式	转账支票
广告费	5 300.00	附件张数	2
		备　注	转账付讫
合　计	￥5 300.00	大写金额	人民币:伍仟叁佰元整
公司领导签字	财务负责人	部门负责人	出　纳
赵邦国	陈家伟	陈友达	王志

5

凭证 2-2

电子发票(增值税专用发票)

发票号码:24342000000051083019
开票日期:2023年12月01日

购买方信息	名称:安徽华胜节能灯有限公司 统一社会信用代码/纳税人识别号:91340202743072128Q	销售方信息	名称:江城市惊鸿广告传媒有限公司 统一社会信用代码/纳税人识别号:91340202753063765M

项目名称	规格型号	单位	数量	单价	金额	税率/征收率	税额
*设计服务*广告制作费					5000.00	6%	300.00
合　计					￥5000.00		￥300.00
价税合计(大写)	⊗伍仟叁佰元整			(小写) ￥ 5300.00			
备注							

开票人:何伟

凭证 2－3

中国工商银行（皖）
ICBC 转账支票存根

Ⅶ Ⅳ　　**0 3 3 4 5 1 2 6**

附加信息＿＿＿＿＿＿＿＿＿＿＿＿＿＿

＿＿＿＿＿＿＿＿＿＿＿＿＿＿＿＿＿＿

＿＿＿＿＿＿＿＿＿＿＿＿＿＿＿＿＿＿

＿＿＿＿＿＿＿＿＿＿＿＿＿＿＿＿＿＿

出票日期　　　　2023 年 12 月 01 日

收款人：江城市惊鸿广告传媒有限公司
金　额：¥ 5 300.00
用　途：广告费

单位主管　　　　　　会计

- - - ✂ - ✂ - - -

（3）12 月 4 日，向工商银行借入生产经营资金 200 000 元，期限 9 个月，利率 7.2％，利息按季支付，到期还本。

凭证 3－1　ICBC 中国工商银行　　借款借据（收账通知）　　④

放款日期：2023 年 12 月 04 日　　　　　　　　　　No 0035879

借款单位名称	安徽华胜节能灯有限公司	利率	7.2％	放款账号									
				结算账号									
借款金额（大写）	贰拾万元整			千	百	十	万	千	百	角	元	角	分
					¥ 2	0	0	0	0	0	0	0	0
约定偿还日期	2024 年 9 月 04 日	借款用途		借款种类			借款合同						
展期到期日期	2024 年 11 月 04 日	生产经营资金		短期借款			AH01345						

根据签订的借款合同和你单位申请借款用途，
经审查同意发放上述金融贷款。

中国工商银行镜湖支行
2023年12月04日
转讫

（银行转账盖章）
2023 年 12 月 04 日

5

（4）12 月 4 日,开出现金支票,提现备用。

凭证 4 - 1

ICBC 🆔	中国工商银行（皖） 现金支票存根

VII　IV　　**0 3 3 4 5 6 9 6**

附加信息＿＿＿＿＿＿＿＿＿＿＿＿＿＿＿

＿＿＿＿＿＿＿＿＿＿＿＿＿＿＿＿＿＿＿＿

＿＿＿＿＿＿＿＿＿＿＿＿＿＿＿＿＿＿＿＿

＿＿＿＿＿＿＿＿＿＿＿＿＿＿＿＿＿＿＿＿

出票日期　　　　2023 年 12 月 04 日

收款人：安徽华胜节能灯有限公司
金　额：¥5 000.00
用　途：备用金

单位主管　　　　　　　会计

银行票据的填写

（5）12 月 4 日,收到安徽华联灯具有限公司商业汇票款。

5

凭证 5 - 1　　　　　　托收凭证（收账通知）4

委托日期 2023 年 12 月 04 日　付款日期　2023 年 12 月 04 日

业务类型		委托收款（□邮划、☑电划）　托收承付（□邮划、□电划）													
付款人	全　称	安徽华联灯具有限公司		收款人	全　称	安徽华胜节能灯有限公司									
	账　号	622202345890101			账　号	13020308750950533699									
	地　址	安徽省合肥 市县	开户行	交行中山路支行		地　址	安徽省江城 市县	开户行	工行镜湖支行						
金额	人民币（大写）：伍万元整					千	百	十	万	千	百	十	元	角	分
								¥5	0	0	0	0	0	0	0
款项内容	货款	托收凭据名　称	商业承兑汇票		附寄单证张数	1									
备注		款项收妥日期													
复核　　记账		年　月　日			付款人开户银行签章 2023 年 12 月 04 日										

交通银行中山路支行
2023年12月04日
转讫

此联作收款人开户银行给收款人的收账通知

（6）12 月 4 日，外购材料，以银行汇票支付。

凭证 6-1

中国工商银行
银行汇票（多余款收账通知）　**4**

第　号

付款期限 壹 个 月	

出票日期贰零贰叁年壹拾贰月零肆日（大写）　　代理付款行：中国工商银行齐云路支行　行号：102245215

收款人：安徽盛源科技有限公司　　账号：52000304730950598738

出票金额：人民币（大写）　壹拾万元整　　￥100 000.00

实际结算金额：人民币（大写）　玖万贰仟陆佰陆拾元整

千	百	十	万	千	百	十	元	角	分
		￥	9	2	6	6	0	0	0

申请人：安徽华胜节能灯有限公司
出票行：中国工商银行镜湖路支行　行号：102258254

账号或地址：13020308750950533699

备注：　　转讫
出票行签章　　2023 年 12 月 4 日

多余金额

千	百	十	万	千	百	十	元	角	分
				￥	7	3	4	0	0	0

左列退回金额已入你账户内。

中国工商银行镜湖支行 2023年12月04日

上海证券印刷有限公司　2021 年印刷

此联出票行清算多余款后交申请人

✂ - - - - - - - - - - ✂

凭证 6-2

3400163130

安徽增值税专用发票

No 04243658

开票日期：2023 年 12 月 04 日

购买方	名　称：安徽华胜节能灯有限公司　　纳税人识别号：91340202743072128Q　　地址、电话：江城市黄山东路 122 号　　开户行及账号：工行镜湖支行 13020308750950533699	密码区	略

货物或应税劳务、服务名称	规格型号	单位	数量	单价	金　额	税率	税　额
＊照明装置＊灯管		个	4 000	10.00	40 000.00	13%	5 200.00
＊电子元件＊发光半导体		个	3 000	14.00	42 000.00	13%	5 460.00
合　计					￥82 000.00		￥10 660.00

价税合计（大写）　⊗玖万贰仟陆佰陆拾元整　　（小写）￥92 660.00

销售方	名　称：安徽盛源科技有限公司　　纳税人识别号：91340202753028643J　　地址、电话：安徽省江城市齐云路 99 号　　开户行及账号：工行齐云路支行 52000304730950598738	备注	安徽盛源科技有限公司 91340202753028643J 发票专用章

收款人：高兴龙　　复核：刘刚　　开票人：胡蕾　　销售方：（章）

第三联　发票联　购买方记账凭证

（7）12 月 4 日，发生现金短款，原因待查。

凭证 7 - 1

库存现金盘点报告表

2023 年 12 月 04 日

票面额	张数	金额	票面额	张数	金额
壹佰元	64	6 400.00	壹元	38	38.00
伍拾元	2	100.00	伍角	4	2.00
拾元	5	50.00	壹角		
伍元	2	10.00	合计		6 600.00
现金日记账账面余额：￥6 800.00					
差额：￥200.00					
处理意见：					
审批人：（签章）　　　　监盘人：（签章）陈晓东　　　　盘点人：（签章）王志					

（8）12 月 5 日，签发现金支票支付 4 日购入材料的运费，按照购入材料的个数进行分配。

5

凭证 8 - 1

中国工商银行（皖）
现金支票存根

ICBC 🏧

Ⅶ　Ⅳ　　**0 3 3 4 5 6 9 7**

附加信息＿＿＿＿＿＿＿＿＿＿

＿＿＿＿＿＿＿＿＿＿＿＿＿＿

＿＿＿＿＿＿＿＿＿＿＿＿＿＿

＿＿＿＿＿＿＿＿＿＿＿＿＿＿

出票日期　　　2023 年 12 月 05 日

收款人：江城市运泰运输有限公司

金　额：￥1 526.00

用　途：运费

单位主管　　　　　会计

凭证 8－2

3400164130　　　**安徽增值税专用发票**　　No 06759015

开票日期：2023 年 12 月 05 日

购买方	名　称：安徽华胜节能灯有限公司 纳税人识别号：91340202743072128Q 地址、电话：江城市黄山东路 122 号 开户行及账号：工行镜湖支行 13020308750950533699				密码区	略		
货物或应税劳务、服务名称	规格型号	单位	数量	单价	金　额	税率	税　额
＊运输服务＊运输劳务					1 400.00	9％	126.00
合　计					￥1 400.00		￥126.00
价税合计（大写）	⊗壹仟伍佰贰拾陆元整					（小写）　￥1 526.00		
销售方	名　称：江城市运泰运输有限公司 纳税人识别号：91340207151031507S 地址、电话：安徽省江城市北京东路 199 号 开户行及账号：工行北京东路支行 53400304730950594356				备注	江城市运泰运输有限公司 91340207151031507S 发票专用章		

收款人：李东鹏　　　复核：程慧　　　开票人：张伟　　　销售方：（章）

第三联　发票联　购买方记账凭证

5

（9）12 月 5 日，收到 4 日购入的灯管和发光半导体。

凭证 9－1

收　料　单（记账凭证）

供货单位：　　　　　　　　　　　　　　　　　　凭证编号：
材料类别：　　　　　　　　　年　月　日　　　　收料仓库：

名称	规格	单位	数量		实际成本					计划成本	
			应收	实收	单价	金额	运费	其他	合计	单位成本	金额
合　计											

② 财务

主管：　　　　记账：　　　　仓库保管：　　　　经办人：

（10）12 月 5 日,出具现金短缺处理意见。

凭证 10-1

库存现金盘点报告表

2023 年 12 月 05 日

票面额	张数	金额	票面额	张数	金额
壹佰元	64	6 400.00	壹元	38	38.00
伍拾元	2	100.00	伍角	4	2.00
拾元	5	50.00	壹角		
伍元	2	10.00	合计		6 600.00

库存现金日记账账面余额：¥6 800.00

差额：¥200.00

处理意见：现金短款系出纳员王志工作失误所致,经董事会决议由其赔偿 100.00 元(暂未收到),其余 100.00 元作管理费用处理。

审批人：(签章) 陈家伟	监盘人：(签章) 陈晓东	盘点人：(签章) 王志

5

- - - ✄ - ✄ - - -

（11）12 月 5 日,购买办公用品。

凭证 11-1

费用报销审批单

部门：厂办 　　　　2023 年 12 月 05 日

经手人	赵 宇	事 由	购买办公用品		
项目名称	金 额	付款方式	现金		
办公费	1 084.80	附件张数	2		
		备 注	现金付讫		
合 计	¥1 084.80	大写金额	人民币：壹仟零捌拾肆元捌角整		
公司领导签字	财务负责人	部门负责人	出 纳	报销人	
赵邦国	陈家伟	李敏	王志	赵宇	

凭证 11-2

电子发票（增值税专用发票）

发票号码: 24342000000051073234
开票日期: 2023年12月05日

购买方信息	名称: 安徽华胜节能灯有限公司 统一社会信用代码/纳税人识别号: 913402027430721280	销售方信息	名称: 江城市海鸥文化用品公司 统一社会信用代码/纳税人识别号: 91340207151031705H

项目名称	规格型号	单位	数量	单价	金额	税率/征收率	税额
*纸制品*打印纸		包	10	76.00	760.00	13%	98.80
*文具*签字笔		支	100	2.00	200.00	13%	26.00
合 计					¥960.00		¥124.80

价税合计（大写）	⊗ 壹仟零捌拾肆元捌角整	（小写）¥ 1084.80

备注	

开票人: 史佳佳

凭证 11-3

办公费用分配表

2023 年 12 月 05 日

受益部门	金额/元
生产车间	320.00
销售部门	240.00
管理部门	400.00
合计	960.00

审核: 陈晓东   制表人: 谢 欣

(12) 12 月 5 日，销售商品。

凭证 12 - 1

3400164130 　　　　　**安徽增值税专用发票**　　　No　03423789

开票日期：2023 年 12 月 05 日

购买方	名　　　称：江城时尚家具有限公司 纳税人识别号：91340101607865431J 地　址、电话：江城市文化路 108 号 开户行及账号：工行文化路支行 622202366890234	密码区	略

货物或应税劳务、 服务名称	规格型号	单位	数量	单价	金　额	税率	税　额
＊照明装置＊普通 　节能灯		个	1 000	60.00	60 000.00	13%	7 800.00
＊照明装置＊LED 　节能灯		个	2 000	80.00	160 000.00	13%	20 800.00
合　　计					￥220 000.00		￥28 600.00

价税合计（大写）	⊗ 贰拾肆万捌仟陆佰元整	（小写）　￥248 600.00

销售方	名　　　称：安徽华胜节能灯有限公司 纳税人识别号：91340202743072128Q 地　址、电话：江城市黄山东路 122 号 开户行及账号：工商银行镜湖支行 13020308750950533699	备注	

收款人：　　　　　复核：郝 建　　　　　开票人：曹 敏　　　　　销售方：（章）

第一联　记账联　销售方记账凭证

凭证 12 - 2

产品出库单

仓库：1# 仓库　　　　　2023 年 12 月 05 日　　　　　编号：34509

编号	名称	规格	单位	数量		单价	金额	备注
				要数	实发			
	普通节能灯		个	1 000	1 000			
	LED 节能灯		个	2 000	2 000			
	合　　计			3 000	3 000			

主管：　　　　　记账：　　　　　仓库保管：魏 莉　　　　　经办人：潘长华

二　记账联

（13）12 月 5 日,预收安徽欣欣电子有限公司货款。

凭证 13-1

ICBC 🏦 **中国工商银行**		进账单（收账通知）							**3**	
		2023 年 12 月 05 日							第 010560 号	

付款人	全　称	安徽欣欣电子有限公司	收款人	全　称	安徽华胜节能灯有限公司									
	账　号	452202345894842		账　号	13020308750950533699									
	开户银行	交行中山路支行		开户银行	工行镜湖支行									

人民币（大写）	壹拾贰万元整	千	百	十	万	千	百	十	元	角	分
				2	0	0	0	0	0	0	0

票据种类	转账支票	票据张数	1
票据号码			

（印章：交通银行中山路支行 2023年12月05日 转讫）

单位主管　会计　　复核　记账　　　　　　　　　　开户银行签章

此联是收款人开户银行交给收款人的收账通知

✂ - ✂

（14）12 月 5 日,销售商品,给予对方(2/10,1/20,n/30)现金折扣[①]。（现金折扣不考虑增值税）

凭证 14-1

3400164130	安徽增值税专用发票		No 03423790
	（印章：全国统一发票监制 国家税务总局 安徽省税务局）		开票日期：2023 年 12 月 05 日

购买方	名　　称：安徽华联灯具有限公司 纳税人识别号：91340101607774461J 地 址、电 话：合肥市中山路 803 号 开户行及账号：交行中山路支行 622202345890101		密码区	略	

货物或应税劳务、服务名称	规格型号	单位	数量	单价	金　额	税率	税　额
＊照明装置＊普通节能灯		个	1 200	60.00	72 000.00	13%	9 360.00
＊照明装置＊LED节能灯		个	1 800	80.00	144 000.00	13%	18 720.00
合　计					￥216 000.00		￥28 080.00

价税合计（大写）	⊗贰拾肆万肆仟零捌拾元整	（小写）　￥244 080.00

销售方	名　　称：安徽华胜节能灯有限公司 纳税人识别号：91340202743072128Q 地 址、电 话：江城市黄山东路 122 号 开户行及账号：工商银行镜湖支行 13020308750950533699	备注

收款人：　　　复核：郝 建　　　开票人：曹 敏　　　销售方：（章）

第一联 记账联 销售方记账凭证

────────────

① 预计对方 10 天内付款的概率为 15%,10~20 天付款的概率为 5%,20 天后付款的概率为 80%。

5

凭证 14 - 2

产品出库单

仓库：1# 仓库　　　　　　　2023 年 12 月 05 日　　　　　　　编号：34510

编号	名称	规格	单位	数量		单价	金额	备注
				要数	实发			
	普通节能灯		个	1 200	1 200			
	LED 节能灯		个	1 800	1 800			
	合　　计			3 000	3 000			

主管：　　　　记账：　　　　仓库保管：魏莉　　　　经办人：潘长华

二 记账联

（15）12 月 5 日，签发转账支票支付上月电费。

凭证 15 - 1

费用报销审批单

部门：厂部　　　　　　　　　2023 年 12 月 05 日

经手人	谢淑华	事　由	支付上月电费
项目名称	金　额	付款方式	转账支票
电　费	54 240.00	附件张数	2
		备　注	转账付讫
合　计	￥54 240.00	大写金额	人民币：伍万肆仟贰佰肆拾元整
公司领导签字	财务负责人	部门负责人	出　纳	报销人
赵邦国	陈家伟	李敏	王志	谢淑华

凭证 15 - 2

3400163130

安徽增值税专用发票

No 02133692

开票日期：2023 年 12 月 05 日

购买方	名　称　安徽华胜节能灯有限公司 纳税人识别号：91340202743072128Q 地址、电话：江城市黄山东路 122 号 开户行及账号：工商银行镜湖支行 13020308750950533699	密码区	略

货物或应税劳务、服务名称	规格型号	单位	数量	单价	金　额	税率	税　额
＊供电＊电力		度	48 000	1.00	48 000.00	13%	6 240.00
合　计					￥48 000.00		￥6 240.00

价税合计（大写）	⊗伍万肆仟贰佰肆拾元整		（小写）　￥54 240.00

销售方	名　称　江城市供电总公司 纳税人识别号：91340202151023419D 地址、电话：江城市长江中路 124 号 开户行及账号：工商银行长江路支行 6222023002200653283	备注	江城市供电总公司 91340202151023419D 发票专用章

收款人：吴功训　　　复核：郝华建　　　开票人：王盛志　　　销售方：（章）

第三联　发票联　购买方记账凭证

5

凭证 15－3

中国工商银行 转账支票存根 (皖)

ICBC🔲

Ⅶ　Ⅳ　03345127

附加信息＿＿＿＿＿＿＿＿＿＿＿＿＿＿＿
＿＿＿＿＿＿＿＿＿＿＿＿＿＿＿＿＿＿＿
＿＿＿＿＿＿＿＿＿＿＿＿＿＿＿＿＿＿＿
＿＿＿＿＿＿＿＿＿＿＿＿＿＿＿＿＿＿＿

出票日期　　　　2023 年 12 月 05 日

| 收款人：江城市供电总公司 |
| 金　　额：￥54 240.00 |
| 用　　途：电费 |

单位主管　　　　　　　会计

✂ - - - - - - - - - - - - - - - ✂

（16）12 月 5 日,外购工作服。

5

凭证 16－1　　　　　付 款 审 批 单

部门：厂部　　　　　　　2023 年 12 月 05 日

经手人	金冰冰	事　由	购买工作服
项目名称	金　额	付款方式	转账支票
工作服	16 950.00	附件张数	4
		备　注	转账付讫
合　计	￥16 950.00	大写金额	人民币：壹万陆仟玖佰伍拾元整
公司领导签字	财务负责人	部门负责人	出　纳
赵邦国	陈家伟	李　敏	王　志

凭证 16-2

3400163130

安徽增值税专用发票

No 02143895

开票日期：2023 年 12 月 05 日

购买方	名　　　称：安徽华胜节能灯有限公司 纳税人识别号：91340202743072128Q 地　址、电话：江城市黄山东路 122 号 开户行及账号：工商银行镜湖支行 13020308750950533699					密码区	略		
货物或应税劳务、服务名称	规格型号	单位	数量	单价	金　额		税率	税　额	
＊服装＊工作服		套	50	300.00	15 000.00		13%	1 950.00	
合　计					¥ 15 000.00			¥ 1 950.00	
价税合计（大写）	⊗壹万陆仟玖佰伍拾元整						（小写）　¥ 16 950.00		
销售方	名　　　称：江城市服装有限公司 纳税人识别号：91340202155123341Z 地　址、电话：江城市黄山东路 344 号 开户行及账号：工行黄山路支行 622205378823212					备注	江城市服装有限公司 91340202155123341Z 发票专用章		

收款人：陈小平　　　　复核：何国庆　　　　开票人：丁家祥　　　　销售方：（章）

第三联　发票联　购买方记账凭证

5

凭证 16-3

收　料　单

供货单位：　　　　　　　　　　　　　　　　　　　　　　　凭证编号：

材料类别：周转材料　　　　　　　　年　月　日　　　　　　收料仓库：2# 材料库

名称	规格	单位	数　量		实际成本			
			应收	实收	单价	金额	运杂费	合计

主管：　　　　　记账：　　　　　仓库保管：　　　　　经办人：

凭证 16－4

ICBC 🔴 **中国工商银行** 进账单（回单） **2**

2023 年 12 月 05 日　　　　第 15027 号

付款人	全　称	安徽华胜节能灯有限公司	收款人	全　称	江城市服装有限公司
	账　号	13020308750950533699		账　号	622205378823212
	开户银行	中国工商银行镜湖支行		开户银行	工行黄山路支行

人民币（大写）	壹万陆仟玖佰伍拾元整	千	百	十	万	千	百	十	元	角	分
				¥	1	6	9	5	0	0	0

票据种类	转账支票	票据张数	1
票据号码	03345128		

中国工商银行镜湖支行
2023年12月05日
转讫

单位主管　会计　复核　记账　　　　　　　　　开户银行签章

此联是开户银行交给持（出）票人的回单

5

凭证 16－5

ICBC 🔴 **中国工商银行**（皖）
转账支票存根

Ⅶ　Ⅳ　**03345128**

附加信息＿＿＿＿＿＿＿＿

＿＿＿＿＿＿＿＿＿＿＿＿

＿＿＿＿＿＿＿＿＿＿＿＿

出票日期　　2023 年 12 月 05 日

收款人：江城市服装有限公司

金　额：¥16 950.00

用　途：购买工作服

单位主管　　　　　会计

（17）12 月 5 日,领用办公桌椅。

凭证 17-1

单位：行政部门

领 料 单

2023 年 12 月 05 日

货号	品名	单位	请领数量	实发数量	单价	实际金额	用途
	桌椅	套	3	3	1 500.00	4 500.00	
合　计						￥4 500.00	

领料部门		发料部门		财务部门	
负责人	领料人	核准人	发料人	审核	会计
张 跃	王 华	刘 佳	张 东		

---✂------------------------------------✂---

凭证 17-2

单位：财务部门

领 料 单

2023 年 12 月 05 日

货号	品名	单位	请领数量	实发数量	单价	实际金额	用途
	桌椅	套	1	1	1 500.00	1 500.00	
合　计						￥1 500.00	

领料部门		发料部门		财务部门	
负责人	领料人	核准人	发料人	审核	会计
陈家伟	王 志	刘 佳	张 东		

---✂------------------------------------✂---

凭证 17-3

单位：生产车间

领 料 单

2023 年 12 月 05 日

货号	品名	单位	请领数量	实发数量	单价	实际金额	用途
	桌椅	套	2	2	1 500.00	3 000.00	
合　计						￥3 000.00	

领料部门		发料部门		财务部门	
负责人	领料人	核准人	发料人	审核	会计
刘家林	张 明	刘 佳	张 东		

（18）12月7日，出售海螺型材股票10 000股，并计算转让金融商品应交增值税。（假定该股票外购时成交价为12元/股，售出时成交价为15.1元/股。）

凭证 18-1

证券交易成交报告单

券商名称：银联证券有限责任公司江城营业部

成交日期：2023-12-07	打印日期：2023-12-07
资金账号：1251122562382	证券代码：000619
客户姓名：安徽华胜节能灯有限公司	证券名称：海螺型材
申报日期：2023-12-07	申报编号：CSE44693
申报时间：10:09	成交时间：10:28
成交数量：10 000	佣金：302.00
成交均价：15.1	印花税：151.00
成交金额：151 000	过户费：
收付金额：151 000	附加费用
备注：卖出	清算金额：150 547.00

打印柜员：1178

（19）12月7日，经单位负责人批准，核定后勤部门定额备用金6 000元。

凭证 19-1

付款审批单

部门：后勤部门　　　　　　2023 年 12 月 07 日

经手人	张芹	事由	定额备用金
项目名称	金额	付款方式	现金支票
备用金	6 000.00	附件张数	1
		备注	转账付讫
合计	￥6 000.00	大写金额	人民币：陆仟元整
公司领导签字	财务负责人	部门负责人	出纳
赵邦国	陈家伟	张跃	王志

凭证 19 - 2

中国工商银行 (皖)
ICBC 现金支票存根

Ⅶ　Ⅳ　　03345698

附加信息＿＿＿＿＿＿＿＿＿＿＿＿＿＿

＿＿＿＿＿＿＿＿＿＿＿＿＿＿＿＿＿＿

＿＿＿＿＿＿＿＿＿＿＿＿＿＿＿＿＿＿

＿＿＿＿＿＿＿＿＿＿＿＿＿＿＿＿＿＿

出票日期　　　2023 年 12 月 07 日

| 收款人：安徽华胜节能灯有限公司 |
| 金　额：￥6 000.00 |
| 用　途：后勤部门备用金 |

单位主管　　　　　　会计

- - ✂ - ✂ - - -

（20）12 月 7 日，报销行政管理部门业务招待费。

凭证 20 - 1

费用报销审批单

部门：行政管理部门　　　　　　2023 年 12 月 07 日

经手人	李清华	事　由	支付业务招待费		
项目名称	金　额	付款方式	现金支付		
餐　费	1 060.00	附件张数	1		
		备　注	现金付讫		
合　计	￥1 060.00	大写金额	人民币：壹仟零陆拾元整		
公司领导签字	财务负责人	部门负责人	出　纳	报销人	
赵邦国	陈家伟	李　敏	王　志	李清华	

5

凭证 20 - 2

3400163130

安徽增值税普通发票

No 02133703

开票日期：2023 年 12 月 07 日

| 购买方 | 名　　　称：安徽华胜节能灯有限公司
纳税人识别号：91340202743072128Q
地　址、电话：江城市黄山东路 122 号
开户行及账号：工商银行镜湖支行 13020308750950533699 | | | | | 密码区 | 略 | | |

货物或应税劳务、服务名称	规格型号	单位	数量	单价	金　　额	税率	税　　额
＊餐饮服务＊餐费					1 000.00	6%	60.00
合　　计					￥1 000.00		￥60.00

| 价税合计（大写） | ⊗壹仟零陆拾元整 | （小写）　￥1 060.00 |

| 销售方 | 名　　　称：江城市江南渔翁大酒店
纳税人识别号：91340221502013168W
地　址、电话：江城市凤凰美食街 019 号
开户行及账号：工行黄山路支行 62200340083425 | 备注 | 江城市江南渔翁大酒店
91340221502013168W
发票专用章 |

收款人：张春晓　　　复核：吴慧君　　　开票人：王志向　　　销售方：（章）

第三联　发票联　购买方记账凭证

5

（21）12 月 7 日，收到出纳王志赔偿的现金短缺款。

凭证 21 - 1

收 款 收 据

客户名称：王志　　　　　　2023 年 12 月 07 日

项　　目	单位	数量	单价	金　　额						
				万	千	百	十	元	角	分
现金短缺款					￥	1	0	0	0	0
合计金额（大写）：壹佰元整					￥	1	0	0	0	0

填票人：程　辉　　　　收款人：胡慧慧　　　　单位盖章：

第三联　记账联

（22）12 月 7 日，签发现金支票支付上月水费。

凭证 22 - 1

付 款 审 批 单

部门：厂部   2023 年 12 月 07 日

经手人	谢淑华	事 由	支付上月水费
项目名称	金 额	付款方式	现金支票
水 费	61 040.00	附件张数	3
		备 注	转账付讫
合 计	￥61 040.00	大写金额	人民币：陆万壹仟零肆拾元整
公司领导签字	财务负责人	部门负责人	出 纳
赵邦国	陈家伟	李 敏	王 志

✂-------------------------------✂

凭证 22 - 2

3400163130   安徽增值税专用发票   No 02133703

开票日期：2023 年 12 月 07 日

购买方	名 称：安徽华胜节能灯有限公司 纳税人识别号：91340202743072128Q 地址、电话：江城市黄山东路 122 号 开户行及账号：工商银行镜湖支行 13020308750950533699	密码区	略

货物或应税劳务、服务名称	规格型号	单位	数量	单价	金 额	税率	税 额
＊生活服务＊ 代收水费		吨	11 200	5.00	56 000.00	9%	5 040.00
合 计					￥56 000.00		￥5 040.00

价税合计（大写）	⊗陆万壹仟零肆拾元整	（小写） ￥61 040.00

销售方	名 称：江城市供水公司 纳税人识别号：91340202161033645S 地址、电话：江城市黄山东路 145 号 开户行及账号：工行黄山路支行 62200340085430	备注	江城市供水公司 91340202161033645S 发票专用章

收款人：张春晓   复核：吴慧君   开票人：王志向   销售方：（章）

第三联 发票联 购买方记账凭证

5

凭证 22 – 3

中国工商银行^{（皖）}
ICBC 转账支票存根

Ⅶ　Ⅳ　**0 3 3 4 5 1 2 9**

附加信息＿＿＿＿＿＿＿＿＿＿＿＿＿＿

＿＿＿＿＿＿＿＿＿＿＿＿＿＿＿＿＿＿＿＿

＿＿＿＿＿＿＿＿＿＿＿＿＿＿＿＿＿＿＿＿

＿＿＿＿＿＿＿＿＿＿＿＿＿＿＿＿＿＿＿＿

出票日期	2023 年 12 月 07 日
收款人：江城市供水公司	
金　　额：￥61 040.00	
用　　途：支付水费	

单位主管　　　　　会计

5

凭证 22 – 4　　**ICBC** 中国工商银行　　进账单（回单）　　**2**

2023 年 12 月 07 日　　　　　　第 15027 号

付款人	全　称	安徽华胜节能灯有限公司	收款人	全　称	江城市供水公司	
	账　号	13020308750950533699		账　号	62200340085430	
	开户银行	中国工商银行镜湖支行		开户银行	工行黄山路支行	

人民币（大写）	陆万壹仟零肆拾元整	千	百	十	万	千	百	十	元	角	分
				￥6	1	0	4	0	0	0	

票据种类	转账支票	票据张数	1
票据号码	03345129		

中国工商银行镜湖支行
2023年12月07日
转讫

单位主管　　会计　　复核　　记账　　　　　　　　　　开户银行签章

此联是开户银行交给持（出）票人的回单

(23)12月8日,销售商品,已预收部分款项(本月第13笔业务)。

凭证 23 - 1

ICBC 🔘 中国工商银行		进账单(收账通知)		**3**

2023 年 12 月 08 日　　　　　　　　第 450234 号

付款人	全　称	安徽欣欣电子有限公司	收款人	全　称	安徽华胜节能灯有限公司
	账　号	452202345894842		账　号	13020308750950533699
	开户银行	交行中山路支行		开户银行	中国工商银行镜湖支行

人民币(大写)	贰拾柒万叁仟贰佰肆拾元整	千	百	十	万	千	百	十	元	角	分
				¥2	7	3	2	4	0	0	0

票据种类	银行汇票	票据张数	1
票据号码			

中国工商银行镜湖支行
2023年12月09日
转讫

单位主管　　会计　　复核　　记账　　　　　　　　开户银行签章

此联是收款人开户银行交给收款人的收账通知

凭证 23 - 2

3400163130　　　　　　　安徽增值税专用发票　　　　No 03423791

全国统一发票监制
安徽省税务局

开票日期:2023 年 12 月 08 日

购买方	名　称:安徽欣欣电子有限公司 纳税人识别号:914522023458894842E 地址、电话:江城市中山路 24 号 开户行及账号:交行中山路支行 452202345894842	密码区	略

货物或应税劳务、服务名称	规格型号	单位	数量	单价	金　额	税率	税　额
*照明装置*普通节能灯		个	1 800	60.00	108 000.00	13%	14 040.00
*照明装置*LED节能灯		个	3 000	80.00	240 000.00	13%	31 200.00
合　计					¥348 000.00		¥45 240.00

价税合计(大写)	⊗叁拾玖万叁仟贰佰肆拾元整	(小写)　¥393 240.00

销售方	名　称:安徽华胜节能灯有限公司 纳税人识别号:913402027743072128Q 地址、电话:江城市黄山东路 122 号 开户行及账号:工商银行镜湖支行 13020308750950533699	备注	

收款人:　　　　复核: 都 建　　　　开票人: 曹 敏　　　　销售方:(章)

第一联 记账联 销售方记账凭证

5

凭证 23 – 3

产品出库单

仓库：1#仓库　　　　　　　　2023 年 12 月 08 日　　　　　　　　编号：34511

编号	名称	规格	单位	数量		单价	金额	备注
				要数	实发			
	普通节能灯		个	1 800	1 800			
	LED 节能灯		个	3 000	3 000			
	合　计			4 800	4 800			

主管：　　　　　记账：　　　　　仓库保管：　魏莉　　　　　经办人：　潘长华

二　记账联

（24）12 月 8 日，以现金支付职工陆新华困难补助 500 元。

凭证 24 – 1

费用报销审批单

部门：厂部　　　　　　　　　　2023 年 12 月 08 日

经手人	陆新华	事　由	支付困难补助费	
项目名称	金　额	付款方式	现金支付	
支付职工生活困难补助费	500.00	附件张数		
		备　注	现金付讫	
合　计	￥500.00	大写金额	人民币：伍佰元整	
公司领导签字	财务负责人	部门负责人	出　纳	报销人
赵邦国	陈家伟	李敏	王志	陆新华

5

凭证 24 – 2

费用发放明细表

部门：厂部　　　　　　　　　　2023 年 12 月 08 日

序　号	姓　名	金　额	签　名	备　注
1	陆新华	500.00	陆新华	职工生活困难，经研究予以支付一定数额的困难补助费。
		—		
	合　计	500.00		

审核：　陈晓东　　　　　　　　　　制表人：　王志

（25）12 月 8 日，业务员何丹出差，预支差旅费，以现金付讫。

凭证 25 - 1

借　款　单

2023 年 12 月 08 日

部　门	姓　名	借款金额	批准金额	备注
供销科	何丹	￥3 000.00	￥3 000.00	现金付讫
借款金额（大写）：叁仟元整				
借　款 理　由	赴上海参加冬季 商品交易会。	领　导 批　示	同意。 　　　赵邦国 　2023.12.9	

- - - - - - ✄ - ✄ - - - - - -

（26）12 月 11 日，预付安徽瑞丰科技有限公司货款。

凭证 26 - 1

付　款　审　批　单

部门：销售科　　　　　　　　　　2023 年 12 月 11 日

经手人	杨　柳	事　由	预付货款
项目名称	金　额	付款方式	转账支票
预付安徽瑞丰科技 有限公司货款	50 000.00	附件张数	1
		备　注	转账付讫
合　计	￥50 000.00	大写金额	人民币：伍万元整
公司领导签字	财务负责人	部门负责人	出　纳
赵邦国	陈家伟	陈友达	王　志

凭证 26‒2

中国工商银行 （皖）
转账支票存根

Ⅶ Ⅳ 0 3 3 4 5 1 3 0

附加信息 _____

_____

_____

_____

出票日期 2023 年 12 月 11 日

收款人：安徽瑞丰科技有限公司

金 额：¥ 50 000.00

用 途：预付货款

单位主管 会计

- - ✂ - ✂ - - -

（27）12 月 12 日，业务员何丹出差归来，实报差旅费 2 245 元，多余款项退回企业。

5

凭证 27‒1

差旅费报销单

报销日期：2023 年 12 月 12 日

姓 名		何 丹	出差事由		参加上海商品交易会						
起程日期和地点			到达日期和地点			交通工具	车船费	出差补助		住宿费	其他费用		金额合计
月	日	地点	月	日	地点			天	金额		摘要	金额	
12	9	江城	12	9	上海	飞机	472	4	400	636	餐费	265	1 773
12	12	上海	12	12	江城	飞机	472						472
												现金收讫	
合 计							¥ 944.00		¥ 400.00	¥ 636.00		¥ 265.00	¥ 2 245.00
预借金额	¥ 3 000.00		报销金额	⊗贰仟贰佰肆拾伍元整				应退金额		¥ 755.00		应补金额	

单据及附件 4 张

负责人签字：赵邦国　　　　审核人签章：吴迪　　　　出差人签章：何丹

凭证 27 - 2

电子发票（普通发票）

发票号码：23317000000031647834
开票日期：2023年12月12日

购买方信息	名称：安徽华胜节能灯有限公司 统一社会信用代码/纳税人识别号：91340202743072128Q	销售方信息	名称：上海华鑫快捷酒店 统一社会信用代码/纳税人识别号：91310105224802585X

项目名称	规格型号	单位	数量	单价	金额	税率/征收率	税额
*住宿服务*住宿费		天	3	200.00	600.00	6%	36.00
合　计					¥600.00		¥36.00
价税合计（大写）	⊗ 陆佰叁拾陆元整				（小写）￥ 636.00		
备注							

开票人：胡颖

✂ - ✂

凭证 27 - 3

5

电子发票（普通发票）

发票号码：23317000000031647674
开票日期：2023年12月12日

购买方信息	名称：安徽华胜节能灯有限公司 统一社会信用代码/纳税人识别号：91340202743072128Q	销售方信息	名称：上海华鑫快捷酒店 统一社会信用代码/纳税人识别号：91310105224802585X

项目名称	规格型号	单位	数量	单价	金额	税率/征收率	税额
*餐饮服务*餐费		次	5	50.00	250.00	6%	15.00
合　计					¥250.00		¥15.00
价税合计（大写）	⊗ 贰佰陆拾伍元整				（小写）￥ 265.00		
备注							

开票人：胡颖

凭证 27－4

[取得航空运输电子客票行程单可抵扣的进项税额＝（票价＋燃油附加费）÷(1＋9％)×9％]

航空运输电子客票行程单
ITINERARY/RECEIPT OF E-TICKET
FOR AIR TRANSPORT

印刷序号：

SERIAL NUMBER：48192057818

旅客姓名 NAME OF PASSENGER	有效身份证件号码 ID. NO.	签注 ENDORSEMENTS/RESTRICTIONS(CARBON)
何丹	320821198311132720	不得签转

	承运人 CARRIER	航班号 FLIGHT	座位等级 CLASS	日期 DATE	时间 TIME	客票级别/客票类别 FARE BASIS	客票生效日期 NOT VALID BEFORE	有效截止日期 NOT VALID AFTER	免费行李 ALLOW
自 FROM 江城	TY	MU4129	B	9DEC	1055	Y			20KG
至 TO 上海									
至 TO									

	票价 FARE	机场建设费 AIRPORT TAX	燃油附加费 FUEL SURCHARGE	其他税费 OTHER TAXES	合计 TOTAL
至 TO					
至 TO	CNY400.00	CNY36.00	CNY36.00		CNY472.00

电子客票号码 E-TICKET NO	4719372890189	验证码 CK.	2352	提示信息 INFORMATION	保险费 INSURANCE

销售单位代号 AGENT CODE	FU01382947885	填开单位 ISSUED BY	江城捷达航空服务有限公司	填开日期 DATE OF ISSUE	2023-12-9

请旅客乘机前认真阅读《旅客须知》及承运人的运输总条件内容
The Important Notice and general conditions of carriage must be read before travelling.

付款凭证 RECEIPT 手写无效 INVALID IN HANDWRITING

凭证 27－5

航空运输电子客票行程单
ITINERARY/RECEIPT OF E-TICKET
FOR AIR TRANSPORT

印刷序号：

SERIAL NUMBER：48192059981

旅客姓名 NAME OF PASSENGER	有效身份证件号码 ID. NO.	签注 ENDORSEMENTS/RESTRICTIONS(CARBON)
何丹	320821198311132720	不得签转

	承运人 CARRIER	航班号 FLIGHT	座位等级 CLASS	日期 DATE	时间 TIME	客票级别/客票类别 FARE BASIS	客票生效日期 NOT VALID BEFORE	有效截止日期 NOT VALID AFTER	免费行李 ALLOW
自 FROM 上海	TY	MU4129	B	12DEC	1145	Y			20KG
至 TO 江城									
至 TO									

	票价 FARE	机场建设费 AIRPORT TAX	燃油附加费 FUEL SURCHARGE	其他税费 OTHER TAXES	合计 TOTAL
至 TO					
至 TO	CNY400.00	CNY36.00	CNY36.00		CNY472.00

电子客票号码 E-TICKET NO	4719372920235	验证码 CK.	0852	提示信息 INFORMATION	保险费 INSURANCE

销售单位代号 AGENT CODE	FU01382947885	填开单位 ISSUED BY	江城捷达航空服务有限公司	填开日期 DATE OF ISSUE	2023-12-12

请旅客乘机前认真阅读《旅客须知》及承运人的运输总条件内容
The Important Notice and general conditions of carriage must be read before travelling.

付款凭证 RECEIPT 手写无效 INVALID IN HANDWRITING

5

（28）12 月 12 日,收到外购的安徽瑞丰科技有限公司材料,已预付部分款项(本月第 26 笔业务),剩余款项暂欠。

凭证 28-1

3400163130　　安徽增值税专用发票　　No 04244781

开票日期:2023 年 12 月 12 日

购买方	名　称:安徽华胜节能灯有限公司 纳税人识别号:91340202743072128Q 地址、电话:江城市黄山东路 122 号 开户行及账号:工行镜湖支行 13020308750950533699	密码区	略

货物或应税劳务、服务名称	规格型号	单位	数量	单价	金　额	税率	税　额
＊照明装置＊灯管		个	4 000	10.50	42 000.00	13%	5 460.00
＊金属制品＊金属配件		个	5 000	0.48	2 400.00	13%	312.00
合　计					￥44 400.00		￥5 772.00

价税合计(大写)	⊗伍万零壹佰柒拾贰元整	(小写)　￥50 172.00

销售方	名　称:安徽瑞丰科技有限公司 纳税人识别号:91340202753063887J 地址、电话:安徽省合肥市紫阳东路 33 号 开户行及账号:建行紫阳路支行 84000304737770486067	备注	安徽瑞丰科技有限公司 91340202753063887J 发票专用章

收款人:李晓璐　　复核:李慧慧　　开票人:丁大力　　销售方:(章)

第三联　发票联　购买方记账凭证

5

凭证 28-2

收料单(记账凭证)

供货单位:　　　　　　　　　　　　　　　　　　　凭证编号:

材料类别:　　　　　　　　　年　月　日　　　　　收料仓库:

名称	规格	单位	数量		实际成本					计划成本		② 财务
			应收	实收	单价	金额	运费	其他	合计	单位成本	金额	
合　计												

主管:　　　　　　记账:　　　　　　仓库保管:　　　　　　经办人:

（29）12 月 12 日，支付税控设备维护费。

凭证 29 - 1

付 款 审 批 单

部门：财务部　　　　　　　　　　2023 年 12 月 12 日

经手人	郑　新	事　由	支付税控设备维护费	
项目名称	金　额	付款方式	转账	附单据3张
税控设备维护费	530.00	备　注		
			转账付讫	
合　计	￥530.00	大写金额	人民币伍佰叁拾元整	
单位负责人	财务主管	部门负责人	经手人	
赵邦国	陈家伟	赵雪峰	郑新	

- - - ✄ - ✄ - - - - -

凭证 29 - 2

安徽增值税普通发票

3400047560　　　　　　　　　　　　　　　　No 02133790

开票日期：2023 年 12 月 12 日

购买方	名　称：安徽华胜节能灯有限公司 纳税人识别号：91340202743072128Q 地址、电话：江城市黄山东路 122 号 开户行及账号：工行镜湖支行 13020308750950533699	密码区	略

货物或应税劳务、服务名称	规格型号	单位	数量	单价	金　额	税率	税　额
*信息技术服务*税控维护费		次	1	500.00	500.00	6%	30.00
合　计					￥500.00		￥30.00

价税合计（大写）	⊗伍佰叁拾元整	（小写）￥530.00

销售方	名　称：江城联丰信息技术服务有限公司 纳税人识别号：91260105248802680W 地址、电话：江城市黄山东路 189 号 开户行及账号：中国工商银行黄山东路支行 13020343663627306 6852	备注	江城联丰信息技术服务有限公司 91260105248802680W 发票专用章

收款人：　　　复核：姜建　　　开票人：赵敏　　　销货单位：（章）

第三联　发票联　购买方记账凭证

凭证 29-3

中国工商银行 (皖)
ICBC 转账支票存根

Ⅶ Ⅳ 0 3 3 4 5 1 3 1

附加信息＿＿＿＿＿＿＿＿＿＿＿＿＿＿

＿＿＿＿＿＿＿＿＿＿＿＿＿＿＿＿＿＿＿

＿＿＿＿＿＿＿＿＿＿＿＿＿＿＿＿＿＿＿

＿＿＿＿＿＿＿＿＿＿＿＿＿＿＿＿＿＿＿

出票日期	2023 年 12 月 12 日
收款人：江城联丰信息技术服务有限公司	
金　额：￥530.00	
用　途：税控设备维护费	

单位主管	会计

5

凭证 29-4

ICBC 中国工商银行　　进账单（回单）　　**2**

2023 年 12 月 12 日　　　　　　　　第 15258 号

付款人	全　称	安徽华胜节能灯有限公司			收款人	全　称	江城联丰信息技术服务有限公司											
	账　号	13020308750950533699				账　号	13020343663627306852											
	开户银行	中国工商银行镜湖支行				开户银行	中国工商银行黄山东路支行											
人民币（大写）		伍佰叁拾元整						千	百	十	万	千	百	十	元	角	分
												￥	5	3	0	0	0
票据种类		转账支票	票据张数	1													
票据号码		03345131															
单位主管　会计　复核　记账												开户银行签章					

中国工商银行镜湖支行
2023年12月12日
转讫

此联是开户银行交给持（出）票人的回单

（30）12 月 12 日，收到政府给予的节能补贴，金额＝5 000 元×学号最后 1 位数（如学号最后 1 位数为 0，按 10 计算，下同），该补助属于与企业日常活动相关的政府补助，本企业政府补助收益法采用总额法核算。

凭证 30－1

ICBC 中国工商银行			进账单（收账通知）								3				

2023 年 12 月 12 日　　　　　　　　　　第 450267 号

	全　称	江城市人民政府		全　称	安徽华胜节能灯有限公司										
付款人	账　号	3401886644330	收款人	账　号	13020308750950533699										
	开户银行	交行中山路支行		开户银行	中国工商银行镜湖支行										
人民币（大写）						千	百	十	万	千	百	十	元	角	分
票据种类	支票	票据张数	1												
票据号码															
单位主管　　会计　　复核　　记账						开户银行签章									

此联是收款人开户银行交给收款人的收账通知

（盖章：中国交通银行中山路支行 2023年12月12日 转讫）

（31）12 月 12 日，以银行存款 200 000 元购入安徽亚特科技有限公司 30％的股份。（投资当日被投资单位所有者权益公允价值为 700 000 元）

凭证 31－1

投 资 协 议

甲方：安徽亚特科技有限公司

乙方：安徽华胜节能灯有限公司

以下各方共同投资人（以下简称"共同投资人"）经友好协商，根据中华人民共和国有关法律法规的规定，双方本着互惠互利的原则，就甲乙双方合作投资项目事宜达成如下协议，以共同遵守。

第一条　共同投资人的投资额和投资方式

甲、乙双方同意，乙方以银行存款出资，金额贰拾万元整，取得甲方 30％的股权。

第二条　利润分享和亏损分担

共同投资人按其出资额占出资总额的比例分享共同投资的利润，分担共同投资的亏损。

第三条　其他权利和义务

1. 甲方及其他共同投资人不得私自转让或者处分共同投资的股份。

2. 共同投资人在股份有限公司登记之日起三年内，不得转让其持有的股份及出资额。

第四条　违约责任

为保证本协议的实际履行，甲方自愿提供其所有资产向其他共同投资人提供担保。甲方承诺在其违约并造成其他共同投资人损失的情况下，以上述财产向其他共同投资人承担违约责任。

甲方（签字）：吴晓波　　　　　　　　　　　　　　　　　乙方（签字）：赵祖国

2023 年 12 月 12 日　　　　　　　　　　　　　　　　　　2023 年 12 月 12 日

5

勇挑公司治理重担，切实履行社会责任

凭证 31 - 2

中国工商银行（皖）
转账支票存根

Ⅶ Ⅳ 0 3 3 4 5 1 3 2

附加信息 _____

_____

_____

_____

出票日期　2023 年 12 月 12 日

| 收款人：安徽亚特科技有限公司 |
| 金　额：￥200 000.00 |
| 用　途：对外投资 |

单位主管　　　　　会计

5

凭证 31 - 3　　ICBC 中国工商银行　进账单（回单）　2

2023 年 12 月 12 日　　　　第 15067 号

付款人	全　称	安徽华胜节能灯有限公司	收款人	全　称	安徽亚特科技有限公司
	账　号	13020308750950533699		账　号	42000784780950528840
	开户银行	中国工商银行镜湖支行		开户银行	合肥市中行紫蓬山路支行

人民币（大写）	贰拾万元整	千	百	十	万	千	百	十	元	角	分
				￥2	0	0	0	0	0	0	0

| 票据种类 | 转账支票 | 票据张数 | 1 |
| 票据号码 | 03345132 | | |

中国工商银行镜湖支行
2023年12月12日
转讫

单位主管　会计　复核　记账　　　　　　开户银行签章

此联是开户银行交给持（出）票人的回单

（32）12 月 14 日，向银行提交企业工资单，发放本月工资。

凭证 32 - 1

<h1 style="text-align:center">付 款 审 批 单</h1>

部门：厂办　　　　　　　　　　　2023 年 12 月 14 日

经手人	赵　田	事　由	支付工资
项目名称	金　额	付款方式	转账支票
工　资	118 560.00	附件张数	3
		备　注	转账付讫
合　计	￥118 560.00	大写金额	人民币：壹拾壹万捌仟伍佰陆拾元整
公司领导签字	财务负责人	部门负责人	出　纳
赵邦国	陈家伟	李　敏	王　志

5

凭证 32 - 2

ICBC 中国工商银行 （皖）
转账支票存根

Ⅶ　Ⅳ　　03345133

附加信息＿＿＿＿＿＿＿＿＿＿＿＿
＿＿＿＿＿＿＿＿＿＿＿＿＿＿＿＿
＿＿＿＿＿＿＿＿＿＿＿＿＿＿＿＿
＿＿＿＿＿＿＿＿＿＿＿＿＿＿＿＿

出票日期　　　2023 年 12 月 14 日

| 收款人：安徽华胜节能灯有限公司 |
| 金　额：￥118 560.00 |
| 用　途：支付职工薪酬 |

单位主管　　　　　会计

凭证 32 - 3

ICBC 中国工商银行　进账单(回单)　2

2023 年 12 月 14 日　　　　　　第 15027 号

付款人	全　　称	安徽华胜节能灯有限公司	收款人	全　　称	安徽华胜节能灯有限公司
	账　　号	13020308750950533699		账　　号	13020276165415333088
	开户银行	中国工商银行镜湖支行		开户银行	中国工商银行镜湖支行

人民币(大写)	壹拾壹万捌仟伍佰陆拾元整	千	百	十	万	千	百	十	元	角	分
				¥	1	1	8	5	6	0	0	0

票据种类	转账支票	票据张数	1
票据号码	03345133		

中国工商银行镜湖支行
2023年12月14日
转讫

单位主管　会计　复核　记账　　　　　　　　开户银行签章

此联是开户银行交给持(出)票人的回单

凭证 32 - 4

工资结算汇总表

2023 年 12 月 14 日　　　　　　金额单位：元

部门名称	基本工资	奖金补贴	应付工资总额	代扣款项			实发工资总额
				社保费 11%	公积金 10%	个人所得税	
普通节能灯	40 000	8 000	48 000	5 280	4 800	480	37 440
LED 节能灯	50 000	10 000	60 000	6 600	6 000	600	46 800
车间管理人员	9 000	1 000	10 000	1 100	1 000	100	7 800
行政管理人员	10 000	6 000	16 000	1 760	1 600	160	12 480
销售人员	15 000	3 000	18 000	1 980	1 800	180	14 040
合　　计	124 000	28 000	152 000	16 720	15 200	1 520	118 560

会计主管：陈家伟　　　　审核：陈晓东　　　　制单：谢欣

激发同舟共济、共克时艰的磅礴力量

5

（33）12 月 14 日，分配本月工资费用。

凭证 33 - 1

工资费用分配表

2023 年 12 月 14 日 金额单位：元

应借会计科目	分配金额
生产成本——普通节能灯	48 000
生产成本——LED 节能灯	60 000
制造费用	10 000
管理费用	16 000
销售费用	18 000
合　计	152 000

会计主管：陈家伟 复核：陈晓东 制表：谢　欣

5

（34）12 月 14 日，计提社会保险费、公积金、工会经费和职工教育经费。

凭证 34 - 1

职工社会保险费、公积金、工会经费、教育经费提取计算表

2023 年 12 月 14 日 单位：元

部门名称		应付工资总额	公积金 10%	社保费（27.8%）					工会经费 2%	教育经费 8%	合计
				养老 16%	医疗 8%	工伤 1%	失业 2%	生育 0.8%			
生产车间	普通节能灯	48 000	4 800	7 680	3 840	480	960	384	960	3 840	22 944
	LED 节能灯	60 000	6 000	9 600	4 800	600	1 200	480	1 200	48 00	28 680
车间管理人员		10 000	1 000	1 600	800	100	200	80	200	800	4 780
行政管理人员		16 000	1 600	2 560	1 280	160	320	128	320	1 280	7 648
销售人员		18 000	1 800	2 880	1 440	180	360	144	360	1 440	8 604
合　计		152 000	15 200	24 320	12 160	1 520	3 040	1 216	3 040	12 160	72 656

会计：陈家伟 复核：陈晓东 制表：谢　欣

（35）12月14日，将本月计提的社会保险费以及代扣的个人承担的社会保险金划转给市社保局。

凭证 35 - 1

付 款 审 批 单

部门：人事部　　　　　　　2023 年 12 月 14 日

经手人	郑新	事　由	缴纳社保	附单据2张
项目名称	金　额	付款方式	转账	
社会保险费	58 976.00	备　注	转账付讫	
合　计	￥58 976.00	大写金额	人民币：伍万捌仟玖佰柒拾陆元整	
单位负责人	财务主管	部门负责人	经手人	
赵邦国	陈家伟	赵雪峰	郑　新	

5

凭证 35 - 2

ICBC 中国工商银行 转账支票存根（皖）

Ⅶ　Ⅳ　　0 3 3 4 5 1 3 4

附加信息＿＿＿＿＿＿＿＿＿＿＿＿

＿＿＿＿＿＿＿＿＿＿＿＿＿＿＿＿

＿＿＿＿＿＿＿＿＿＿＿＿＿＿＿＿

＿＿＿＿＿＿＿＿＿＿＿＿＿＿＿＿

出票日期　　2023 年 12 月 14 日

收款人：江城市社保局

金　额：￥58 976.00

用　途：社会保险费

单位主管　　　　会计

凭证 35 - 3 ICBC 🏛 **中国工商银行** 业务凭证

纳税人全称及纳税人识别号：安徽华胜节能灯有限公司　91340202743072128Q
付款人账号：13020308750950533699　付款人开户银行：中国工商银行镜湖支行
付款人名称：安徽华胜节能灯有限公司
征收机关代码：23404050000　征收机关名称：国家税务总局江城市税务局镜湖区分局
收款国库名称：国家金库江城市中心支库
小写(合计)金额：￥58 976.00　缴款书交易流水号：56465788
大写(合计)金额：伍万捌仟玖佰柒拾陆元整　税票号码 430356607000067897

税费(种)名称	所属时期	实缴金额
失业保险基金收入	20231201－20231231	4 560.00
工伤保险基金收入	20231201－20231231	1 520.00
基本养老保险基金收入	20231201－20231231	36 480.00
基本医疗保险基金收入	20231201－20231231	16 416.00

（36）12 月 14 日，车间领用工作服 30 套。

凭证 36 - 1　　领　料　单

单位：生产车间　　　　2023 年 12 月 14 日

货号	品名	单位	请领数量	实发数量	单价	实际金额	用途
	合　计						

领料部门		发料部门		财务部门	
负责人	领料人	核准人	发料人	审核	会计
刘家林	张明	刘佳	张东		

（37）12 月 15 日，拨付上月工会经费。

凭证 37 - 1

中国工商银行 转账支票存根（皖）

ICBC

Ⅶ Ⅳ 0 3 3 4 5 1 3 5

附加信息＿＿＿＿＿＿＿＿＿＿＿＿＿＿＿
＿＿＿＿＿＿＿＿＿＿＿＿＿＿＿＿＿＿＿
＿＿＿＿＿＿＿＿＿＿＿＿＿＿＿＿＿＿＿
＿＿＿＿＿＿＿＿＿＿＿＿＿＿＿＿＿＿＿

出票日期　　　　　2023 年 12 月 15 日

收款人：安徽华胜节能灯有限公司
　　　　工会委员会

金　　额：￥1 824.00

用　　途：工会经费

单位主管　　　　　会计

5

凭证 37 - 2

中国工商银行 转账支票存根（皖）

ICBC

Ⅶ Ⅳ 0 3 3 4 5 1 3 6

附加信息＿＿＿＿＿＿＿＿＿＿＿＿＿＿＿
＿＿＿＿＿＿＿＿＿＿＿＿＿＿＿＿＿＿＿
＿＿＿＿＿＿＿＿＿＿＿＿＿＿＿＿＿＿＿
＿＿＿＿＿＿＿＿＿＿＿＿＿＿＿＿＿＿＿

出票日期　　　　　2023 年 12 月 15 日

收款人：江城市镜湖区工会委员会

金　　额：￥1 216.00

用　　途：工会经费

单位主管　　　　　会计

凭证 37－3

行政拨交工会经费缴款书

缴款单位电话 0553-8546988　　　缴款日期 2023 年 12 月 15 日　　　字第 45124 号

所属月份	2023-11	职工人数	20	本月工资总额	152 000.00	按 2％计应拨交经费	3 040.00

收入基层工会工作费户		上解上级工会工作费户		缴款单位	
户名	安徽华胜节能灯有限公司工会委员会	户名	江城市镜湖工会委员会	户名	安徽华胜节能灯有限公司
账号	13020578090950355750	账号	13020905210950832188	账号	13020308750950533699
开户行	中国工商银行镜湖支行	开户行	中国工商银行镜湖支行	开户行	中国工商银行镜湖支行

比例	万	千	百	十	元	角	分	比例	万	千	百	十	元	角	分	合计	十	万	千	百	十	元	角	分
60%	￥	1	8	2	4	0	0	40%	￥	1	2	1	6	0	0		￥	3	0	4	0	0	0

合计金额人民币（大写）　　叁仟零肆拾元整

上列款项已划转相关工会账户

缴款单位盖章：

工会委员会盖章：

银行盖章：

2023 年 12 月 15 日　　　　　年　月　日

✂ - ✂

凭证 37－4

中国工商银行电子缴税付款凭证

转账日期：2023 年 12 月 15 日　　　　　　　凭证字号：14536779

纳税人全称及纳税人识别号：安徽华胜节能灯有限公司 91340202743072128Q

付款人全称：安徽华胜节能灯有限公司　　　　　征收机关名称：国家税务总局江城市镜湖税务局
付款人账号：13020308750950533699　　　　　收款国库（银行）名称：国家金库江城市镜湖区支库
付款人开户银行：中国工商银行镜湖支行　　　缴款书交易流水号：2023121532908639
小写（合计金额）：￥1 216.00
大写（合计金额）：人民币壹仟贰佰壹拾陆元整　　税票号码：19159230

税、费　税号：
税款属期：20231101—20231130

税（费）种名称	实缴金额
工会经费	1 216.00

第　1　次打印　　　　　　　　打印日期：2023 年 12 月 15 日

第二联作付款回单（无银行收讫章无效）　　　复核　　　记账

（38）生产车间领用材料。

凭证 38-1

<h3 style="text-align:center">材料发料汇总表</h3>

2023 年 12 月 15 日

项目	灯管		发光半导体		金属配件		合计
	数量	金额	数量	金额	数量	金额	
普通节能灯							
LED 节能灯							
一般耗用							
合　计							

加强存货核算和管理，正确计算企业利润

------------------------------------ ✂ ------------------------------------

凭证 38-2

<h3 style="text-align:center">领 料 单</h3>

领用单位：生产车间（普通节能灯）　　　2023 年 12 月 01 日　　　No. 202312001

名称	单位	请领	实发	计划单位成本	成本
灯管	个	210	210	10	2 100
发光半导体	个	210	210	14	2 940
金属配件	个	210	210	0.5	105
合　计					¥ 5 145

采供部主管：赵　海　　　　　领料：王　悦　　　　　仓库：孙　露

------------------------------------ ✂ ------------------------------------

凭证 38-3

<h3 style="text-align:center">领 料 单</h3>

领用单位：生产车间（LED 节能灯）　　　2023 年 12 月 01 日　　　No. 202312002

名称	单位	请领	实发	计划单位成本	成本
灯管	个	219	219	10	2 190
发光半导体	个	219	219	14	3 066
金属配件	个	219	219	0.5	109.5
合　计					¥ 5 365.5

采供部主管：赵　海　　　　　领料：王　悦　　　　　仓库：孙　露

凭证 38 - 4

领 料 单

领用单位：生产车间（LED 节能灯）　　2023 年 12 月 01 日　　　　　No. 202312003

名称	单位	请领	实发	计划单位成本	成本
灯管	个	194	194	10	1 940
发光半导体	个	194	194	14	2 716
金属配件	个	194	194	0.5	97
合　计					￥4 753

采供部主管：赵海　　　　　　　领料：王悦　　　　　　　仓库：孙露

凭证 38 - 5

领 料 单

领用单位：生产车间（普通节能灯）　　2023 年 12 月 04 日　　　　　No. 202312004

名称	单位	请领	实发	计划单位成本	成本
灯管	个	243	243	10	2 430
发光半导体	个	243	243	14	3 402
金属配件	个	243	243	0.5	121.5
合　计					￥5 953.5

采供部主管：赵海　　　　　　　领料：王悦　　　　　　　仓库：孙露

凭证 38 - 6

领 料 单

领用单位：生产车间（普通节能灯）　　2023 年 12 月 04 日　　　　　No. 202312005

名称	单位	请领	实发	计划单位成本	成本
灯管	个	213	213	10	2 130
发光半导体	个	213	213	14	2 982
金属配件	个	213	213	0.5	106.5
合　计					￥5 218.5

采供部主管：赵海　　　　　　　领料：王悦　　　　　　　仓库：孙露

凭证 38 - 7

领 料 单

领用单位：生产车间（LED 节能灯）　　2023 年 12 月 05 日　　　　　No. 202312006

名称	单位	请领	实发	计划单位成本	成本
灯管	个	232	232	10	2 320
发光半导体	个	232	232	14	3 248
金属配件	个	232	232	0.5	116
合　计					￥5 684

采供部主管：赵海　　　　　　　领料：王悦　　　　　　　仓库：孙露

凭证 38－8

领　料　单

领用单位：生产车间（LED 节能灯）　　2023 年 12 月 05 日　　　　　　No. 202312007

名称	单位	请领	实发	计划单位成本	成本
灯管	个	210	210	10	2 100
发光半导体	个	210	210	14	2 940
金属配件	个	210	210	0.5	105
合　计					￥5 145

采供部主管：赵海　　　　　　领料：王悦　　　　　　仓库：孙露

- -

凭证 38－9

领　料　单

领用单位：生产车间（一般耗用）　　2023 年 12 月 06 日　　　　　　No. 202312008

名称	单位	请领	实发	计划单位成本	成本
灯管	个	118	118	10	1 180
发光半导体	个	105	105	14	1 470
金属配件	个	144	144	0.5	72
合　计					￥2 722

采供部主管：赵海　　　　　　领料：王悦　　　　　　仓库：孙露

- -

凭证 38－10

领　料　单

领用单位：生产车间（LED 节能灯）　　2023 年 12 月 07 日　　　　　　No. 202312009

名称	单位	请领	实发	计划单位成本	成本
灯管	个	255	255	10	2 550
发光半导体	个	255	255	14	3 570
金属配件	个	255	255	0.5	127.5
合　计					￥6 247.5

采供部主管：赵海　　　　　　领料：王悦　　　　　　仓库：孙露

- -

凭证 38－11

领　料　单

领用单位：生产车间（普通节能灯）　　2023 年 12 月 07 日　　　　　　No. 202312010

名称	单位	请领	实发	计划单位成本	成本
灯管	个	257	257	10	2 570
发光半导体	个	257	257	14	3 598
金属配件	个	257	257	0.5	128.5
合　计					￥6 296.5

采供部主管：赵海　　　　　　领料：王悦　　　　　　仓库：孙露

5

凭证 38 - 12

领 料 单

领用单位：生产车间（普通节能灯）　　　2023 年 12 月 08 日　　　　　　No. 202312011

名称	单位	请领	实发	计划单位成本	成本
灯管	个	232	232	10	2 320
发光半导体	个	232	232	14	3 248
金属配件	个	232	232	0.5	116
合　计					￥5 684

采供部主管：赵海　　　　　领料：王悦　　　　　　　仓库：孙露

凭证 38 - 13

领 料 单

领用单位：生产车间（LED 节能灯）　　　2023 年 12 月 08 日　　　　　　No. 202312012

名称	单位	请领	实发	计划单位成本	成本
灯管	个	240	240	10	2 400
发光半导体	个	240	240	14	3 360
金属配件	个	240	240	0.5	120
合　计					￥5 880

采供部主管：赵海　　　　　领料：王悦　　　　　　　仓库：孙露

凭证 38 - 14

领 料 单

领用单位：生产车间（一般耗用）　　　2023 年 12 月 08 日　　　　　　No. 202312013

名称	单位	请领	实发	计划单位成本	成本
灯管	个	82	82	10	820
发光半导体	个	95	95	14	1 330
金属配件	个	156	156	0.5	78
合　计					￥2 228

采供部主管：赵海　　　　　领料：王悦　　　　　　　仓库：孙露

凭证 38 - 15

领 料 单

领用单位：生产车间（普通节能灯）　　　2023 年 12 月 11 日　　　　　　No. 202312014

名称	单位	请领	实发	计划单位成本	成本
灯管	个	268	268	10	2 680
发光半导体	个	268	268	14	3 752
金属配件	个	268	268	0.5	134
合　计					￥6 566

采供部主管：赵海　　　　　领料：王悦　　　　　　　仓库：孙露

5

凭证 38 - 16

领 料 单

领用单位：生产车间(普通节能灯)　　2023 年 12 月 11 日　　　　No. 202312015

名称	单位	请领	实发	计划单位成本	成本
灯管	个	136	136	10	1 360
发光半导体	个	136	136	14	1 904
金属配件	个	136	136	0.5	68
合　计					￥3 332

采供部主管：赵海　　　　　领料：王悦　　　　　仓库：孙露

凭证 38 - 17

领 料 单

领用单位：生产车间(LED 节能灯)　　2023 年 12 月 11 日　　　　No. 202312016

名称	单位	请领	实发	计划单位成本	成本
灯管	个	200	200	10	2 000
发光半导体	个	200	200	14	2 800
金属配件	个	200	200	0.5	100
合　计					￥4 900

采供部主管：赵海　　　　　领料：王悦　　　　　仓库：孙露

凭证 38 - 18

领 料 单

领用单位：生产车间(普通节能灯)　　2023 年 12 月 11 日　　　　No. 202312017

名称	单位	请领	实发	计划单位成本	成本
灯管	个	221	221	10	2 210
发光半导体	个	221	221	14	3 094
金属配件	个	221	221	0.5	110.5
合　计					￥5 414.5

采供部主管：赵海　　　　　领料：王悦　　　　　仓库：孙露

凭证 38 - 19

领 料 单

领用单位：生产车间(LED 节能灯)　　2023 年 12 月 12 日　　　　No. 202312018

名称	单位	请领	实发	计划单位成本	成本
灯管	个	237	237	10	2 370
发光半导体	个	237	237	14	3 318
金属配件	个	237	237	0.5	118.5
合　计					￥5 806.5

采供部主管：赵海　　　　　领料：王悦　　　　　仓库：孙露

凭证 38 - 20

领 料 单

领用单位：生产车间(普通节能灯) 2023 年 12 月 13 日 No. 202312019

名称	单位	请领	实发	计划单位成本	成本
灯管	个	220	220	10	2 200
发光半导体	个	220	220	14	3 080
金属配件	个	220	220	0.5	110
合　计					￥5 390

采供部主管： 赵 海　　　　　领料： 王 悦　　　　　仓库： 孙 露

- - - ✄ - ✄ - - -

凭证 38 - 21

领 料 单

领用单位：生产车间(LED 节能灯) 2023 年 12 月 15 日 No. 202312020

名称	单位	请领	实发	计划单位成本	成本
灯管	个	213	213	10	2 130
发光半导体	个	213	213	14	2 982
金属配件	个	213	213	0.5	106.5
合　计					￥5 218.5

采供部主管： 赵 海　　　　　领料： 王 悦　　　　　仓库： 孙 露

- - - ✄ - ✄ - - -

5

(39) 12 月 15 日,签发现金支票支付车间固定资产修理费。

凭证 39 - 1

费用报销审批单

部门：车间 2023 年 12 月 15 日

经手人	郑新华	事　由		固定资产修理
项目名称	金　额	付款方式		现金支票
修理费	2 825.00	附件张数		2
		备　注		转账付讫
合　计	￥2 825.00	大写金额		人民币：贰仟捌佰贰拾伍元整
公司领导签字	财务负责人	部门负责人	出　纳	报销人
赵邦国	陈家伟	丁大为	王 志	郑新华

凭证 39 - 2

中国工商银行（皖）
现金支票存根

ICBC

Ⅶ　Ⅳ　0 3 3 4 5 7 0 2

附加信息＿＿＿＿＿＿＿＿＿＿＿＿＿

＿＿＿＿＿＿＿＿＿＿＿＿＿＿＿＿＿＿＿

＿＿＿＿＿＿＿＿＿＿＿＿＿＿＿＿＿＿＿

出票日期	2023 年 12 月 15 日
收款人：江城市设备服务有限公司	
金　额：￥2 825.00	
用　途：固定资产维修费	
单位主管　　　　会计	

✂ — — — — — — — ✂

凭证 39 - 3

3400163130　　　　安徽增值税专用发票　　No 02657857

开票日期：2023 年 12 月 15 日

购买方	名　　称：安徽华胜节能灯有限公司 纳税人识别号：91340202743072128Q 地址、电话：江城市黄山东路 122 号 开户行及账号：工行镜湖支行 13020308750950533699	密码区	略

货物或应税劳务、 服务名称	规格型号	单位	数量	单价	金　额	税率	税　额
＊劳务＊修理修配劳务					2 500.00	13%	325.00
合　计					￥2 500.00		￥325.00

价税合计（大写）	⊗贰仟捌佰贰拾伍元整　　　　　　（小写）　￥2 825.00

销售方	名　　称：江城市设备服务有限公司 纳税人识别号：91340202743033988W 地址、电话：安徽省江城市大工山路 69 号 开户行及账号：工行齐云路支行 52000304730950512345	备注	江城市设备服务有限公司 91340202743033988W 发票专用章

收款人：王小红　　复核：朱时茂　　开票人：曹琳　　销售方：（章）

第三联　发票联　购买方记账凭证

5

（40）12 月 15 日,收到安徽华联灯具有限公司本月 5 日所欠货款。

凭证 40－1

ICBC 🔴 中国工商银行 进账单(收账通知)							3						

2023 年 12 月 15 日　　　　　　　　　　　第 450490 号

付款人	全　称	安徽华联灯具有限公司	收款人	全　称	安徽华胜节能灯有限公司
	账　号	622202345890101		账　号	13020308750950533699
	开户银行	安徽省合肥市交行中山路支行		开户银行	中国工行镜湖支行

人民币 (大写)	贰拾叁万玖仟柒佰陆拾元整	千	百	十	万	千	百	十	元	角	分
				¥ 2	3	9	7	6	0	0	0

中国工商银行镜湖支行
2023年12月15日
转讫

票据种类	支票	票据张数	1
票据号码			

单位主管　　会计　　复核　　记账　　　　　　　　　开户银行签章

此联是收款人开户银行交给收款人的收账通知

凭证 40－2

现金折扣计算表

2023 年 12 月 15 日

销售时间	销售金额	折扣条件	折扣基数	折扣比例	折扣金额	实收金额
12.5	244 080	$(2/10,1/20,n/30)$	216 000	2%	4 320	239 760

会计主管：　　　　　会计：　　　　审核：　　　　制单：

（41）12 月 15 日,转销无法收回的红星家电城货款 10 000 元。

凭证 41－1

关于转销红星家电城货款的批复

　　经公司会议决定,红星家电城 2019 年 1 月 13 日所欠货款 10 000 元,因存在质量纠纷,现决定将其转销。

安徽华胜节能灯有限公司
2023 年 12 月 15 日

现金折扣

（42）12 月 15 日，外购机器设备，交付车间安装。

凭证 42-1

3400163130　　　　　安徽增值税专用发票　　　No 03789625

开票日期：2023 年 12 月 15 日

购买方	名　　　　称：安徽华胜节能灯有限公司 纳税人识别号：91340202743072128Q 地址、电话：江城市黄山东路 122 号 开户行及账号：工行镜湖支行 13020308750950533699				密码区	略		
货物或应税劳务、 服务名称	规格型号	单位	数量	单价	金　额	税率	税　额
＊通用设备＊设备	C4	台	1	200 000	200 000.00	13％	26 000.00
合　计					￥200 000.00		￥26 000.00
价税合计（大写）　　⊗贰拾贰万陆仟元整					（小写）　￥226 000.00		
销售方	名　　　　称：安徽华谊设备科技有限公司 纳税人识别号：91340202151023409J 地址、电话：安徽省江城市齐云路 67 号 开户行及账号：工行齐云路支行 52000304730950594437				备注			

收款人：马　静　　　　复核：刘　慧　　　　开票人：刘　伟　　　　销售方：（章）

第三联　发票联　购买方记账凭证

5

凭证 42-2

ICBC 中国工商银行（皖）
转账支票存根

Ⅶ　Ⅳ　　0345137

附加信息＿＿＿＿＿＿＿＿＿＿＿＿＿＿＿

＿＿＿＿＿＿＿＿＿＿＿＿＿＿＿＿＿＿＿

＿＿＿＿＿＿＿＿＿＿＿＿＿＿＿＿＿＿＿

出票日期　　　2023 年 12 月 15 日

收款人：安徽华谊设备科技有限公司
金　额：￥226 000.00
用　途：购买设备

单位主管　　　　　会计

（43）12 月 15 日，缴纳上月未交增值税。

凭证 43 - 1

中国工商银行 （皖）
转账支票存根

ICBC 圐

Ⅶ Ⅳ 0 3 3 4 5 1 3 8

附加信息＿＿＿＿＿＿＿＿＿＿＿＿＿＿
＿＿＿＿＿＿＿＿＿＿＿＿＿＿＿＿
＿＿＿＿＿＿＿＿＿＿＿＿＿＿＿＿
＿＿＿＿＿＿＿＿＿＿＿＿＿＿＿＿

出票日期	2023 年 12 月 15 日
收款人：国家税务总局江城市税务局	
金 额：￥106 325.00	
用 途：税款	
单位主管 会计	

凭证 43 - 2

中华人民共和国
税收通用缴款书

国家税务总局
票证监制

校验码：
（2023）皖 No.2337589
国税缴电：

国

纳税人编码：
隶属关系：
注册类型：
填发日期：2023 年 12 月 15 日
征收机关：

缴款单位	代 码	340202743072128		预算项目	编 号		
	全 称	安徽华胜节能灯有限公司			名 称		
	开户银行	中国工商银行镜湖支行			级 次		
	账 号	13020308750950533699		税款国库			

税款所属时期 2023 年 11 月 01 日至 2023 年 11 月 31 日		税款限缴时间 年 月 日	

品 目 名 称	课 税 数 量	计税金额或 销售收入	税率或 单位税额	已缴或 扣除额	实缴金额
增值税				中国工商银行镜湖支行 2023年12月15日 转讫	106 325.00
金额合计	（大写）壹拾万零陆仟叁佰贰拾伍元整				￥ 106 325.00

缴款单位（人） （盖章）	税务机关 （盖章）	上列款项已收妥并划转收款单位账户	备 注
经办人（章）	填票人（章）	国库（银行）盖章 年 月 日	

无银行收讫章无效

第一联（数据）国库（经收处）收款盖章后退缴款单位（人）作完税凭证

5

逾期不缴按税法规定加收滞纳金

任务二　下半月会计业务处理

（44）12 月 18 日，销售商品。

凭证 44 - 1

3400163130　　　　　安徽增值税专用发票　　No　03423792

开票日期：2023 年 12 月 18 日

购买方	名　　　　称：江城时尚家具有限公司 纳税人识别号：91340101607865432J 地　址、电　话：江城市文化路 108 号 开户行及账号：工行文化路支行 622202366890234				密码区		略		
货物或应税劳务、 服务名称	规格型号	单位	数量	单价	金　　额	税率	税　　额
＊照明装置＊普通 节能灯		个	1 400	60.00	84 000.00	13％	10 920.00
＊照明装置＊LED 节能灯		个	1 800	80.00	144 000.00	13％	18 720.00
合　计					￥228 000.00		￥29 640.00
价税合计（大写）	⊗贰拾伍万柒仟陆佰肆拾元整　　　　　　（小写）　￥257 640.00							
销售方	名　　　　称：安徽华胜节能灯有限公司 纳税人识别号：91340202743072128Q 地　址、电　话：江城市黄山东路 122 号 开户行及账号：工行镜湖支行 13020308750950533699				备注			

收款人：　　　　复核：郝　建　　　　开票人：曹　敏　　　　销售方：（章）

第一联　记账联　销售方记账凭证

虚开增值税专用发票警示教育

5

- - - - - - ✄ - ✄ - - - - - - -

凭证 44 - 2

产品出库单

仓库：1＃仓库　　　　　　2023 年 12 月 18 日　　　　　　　编号：34512

编号	名称	规格	单位	数量		单价	金额	备注
				要数	实发			
	普通节能灯		个	1 400	1 400			
	LED 节能灯		个	1 800	1 800			
	合　　　计			3 200	3 200			

主管：　　　　记账：　　　　仓库保管：魏　莉　　　　经办人：潘长华

二　记账联

（45）12 月 18 日,设备安装,签发现金支票支付安装劳务费。

凭证 45 - 1

部门：车间

付 款 审 批 单

2023 年 12 月 18 日

经手人	董　超	事　由	设备安装
项目名称	金　额	付款方式	现金支票
安装劳务费	5 450.00	附件张数	2
		备　注	转账付讫
合　计	￥5 450.00	大写金额	人民币：伍仟肆佰伍拾元整
公司领导签字	财务负责人	部门负责人	出　纳
赵邦国	陈家伟	丁大为	王　志

- - - ✂ - ✂ - - -

凭证 45 - 2

ICBC 🆔 中国工商银行（皖）
现金支票存根

Ⅶ　Ⅳ　　0 3 3 4 5 7 0 3

附加信息＿＿＿＿＿＿＿＿＿＿＿

＿＿＿＿＿＿＿＿＿＿＿＿＿＿＿＿

＿＿＿＿＿＿＿＿＿＿＿＿＿＿＿＿

＿＿＿＿＿＿＿＿＿＿＿

出票日期　　　2023 年 12 月 18 日

收款人：江城市设备服务有限公司
金　额：￥5 450.00
用　途：支付安装设备款

单位主管　　　　　会计

5

凭证 45 - 3

3400163130

安徽增值税专用发票

No 02657860

开票日期：2023 年 12 月 18 日

购买方	名　　称：安徽华胜节能灯有限公司 纳税人识别号：91340202743072128Q 地址、电话：江城市黄山东路 122 号 开户行及账号：工行镜湖支行 13020308750950533699	密码区	略

货物或应税劳务、 服务名称	规格型号	单位	数量	单价	金　额	税率	税　额
＊安装服务＊安装费					5 000.00	9%	450.00
合　计					￥5 000.00		￥450.00

价税合计(大写)	⊗伍仟肆佰伍拾元整	(小写)　￥5 450.00

销售方	名　　称：江城市设备服务有限公司 纳税人识别号：91340202743033988W 地址、电话：安徽省江城市大工山路 69 号 开户行及账号：工行齐云路支行 52000304730950512345	备注	江城市设备服务有限公司 91340202743033988W 发票专用章

收款人：王小红　　复核：朱时茂　　开票人：曹琳　　销售方：(章)

第三联　发票联　购买方记账凭证

- - - ✂ - ✂ - - -

　　(46) 12 月 18 日,将福海家电城签发的商业汇票贴现。(类别：银行承兑汇票,面值 90 000 元,不计算利息,2023 年 10 月 24 日签发,期限 3 个月,2024 年 1 月 24 日到期,贴现率 6%,异地结算加 3 天计息日)

凭证 46 - 1

贴现凭证(收账通知)　4

年　月　日

申请人	全　称	安徽华胜节能灯有限公司	贴现票据	种　类		号　码		此联是银行给持票人的收账通知
	账　号	13020308750950533699		出票日期				
	开户银行	中国工商银行镜湖支行		到期日期				

汇票承兑人(银行)		名称			账号		开户银行	

汇票金额 (即票面金额)	人民币 (大写)				千	百	十	万	千	百	十	元	角	分

中国工商银行镜湖支行
2023年12月18日
转讫

年贴现率	贴现利息		实付贴现金额		千	百	十	万	千	百	十	元	角	分

银行盖章 年　月　日		备注	

5

（47）12 月 19 日，设备安装完毕，交付车间使用。

凭证 47 - 1

固定资产交接（验收）单

2023 年 12 月 19 日

固定资产编号	名称	规格	型号	计量单位	数量	建造单位	建造编号	资金来源	备注
042	设备	C4	S042	台	1	本单位	042		
总价	买价	安装费	运杂费	包装费	其他	原值		预计年限	净残值率
用途	产品生产用			使用部门		车间		已提折旧	无
验收意见	合格,交付使用		验收人签章	谢玫瑰					

（48）12 月 19 日，以现金支付职工培训费，金额＝53 元×学号最后 1 位数。

凭证 48 - 1

费用报销审批单

部门：厂部　　　　　　　　　　　2023 年 12 月 19 日

经手人	郑 月	事　由		
项目名称	金　额	付款方式		
		附件张数	现金付讫	
		备　注		
合　计		大写金额	人民币：	
公司领导签字	财务负责人	部门负责人	出　纳	报销人
赵邦国	陈家伟	李 敏	王 志	郑 月

凭证 48－2

电子发票（增值税专用发票）

发票号码：24342000000051088354
开票日期：2023年12月19日

购买方信息	名称：安徽华胜节能灯有限公司			销售方信息	名称：江城市得力培训有限公司			
	统一社会信用代码/纳税人识别号：913402027430721280				统一社会信用代码/纳税人识别号：91340221502013152X			

项目名称	规格型号	单位	数量	单价	金额	税率/征收率	税额
*现代服务*培训费							
合　计							

价税合计（大写）		（小写）
备注		

开票人：王志向

✂ — ✂ — —

（49）12月19日，开出现金支票，取现备用。

凭证 49－1

ICBC 中国工商银行（皖）
现金支票存根

Ⅶ　Ⅳ　　0 3 3 4 5 7 0 4

附加信息_____

_____

_____

_____

出票日期　　　2023 年 12 月 19 日

收款人：安徽华胜节能灯有限公司

金　额：￥6 000.00

用　途：提现备用

单位主管　　　　　会计

5

(50) 12 月 19 日,支付行政罚款 1 200 元,以现金支票支付。

凭证 50 - 1

安徽省罚没款统一收据

2023 年 12 月 19 日

江字(96)

收款单位	江城市环保局镜湖分局	缴款单位 (个人)	安徽华胜节能灯有限公司
违法(章) 事 项	生产设备环保不达标		
处 罚 依 据	《环保法》第＊条		
金 额 人民币大写	壹仟贰佰元整		￥1 200.00

第二联 收据

收款单位(公章) 财务专用章　　　　　　收款人： 王 凯

凭证 50 - 2

付 款 审 批 单

部门:办公室　　　　　　2023 年 12 月 19 日

经手人	赵红梅	事 由	行政罚款
项目名称	金 额	付款方式	现金支票
行政罚款	1 200.00	备 注	
			转账付讫
合 计	￥1 200.00	大写金额	人民币:壹仟贰佰元整
单位负责人	财务主管	部门负责人	出 纳
赵邦国	陈家伟	李 敏	王 志

附单据 2 张

5

凭证 50 - 3

ICBC 中国工商银行 (皖) **现金支票存根**
Ⅶ Ⅳ　**0 3 3 4 5 7 0 5**
附加信息＿＿＿＿＿＿＿＿＿＿＿
＿＿＿＿＿＿＿＿＿＿＿＿＿＿＿
＿＿＿＿＿＿＿＿＿＿＿＿＿＿＿
＿＿＿＿＿＿＿＿＿＿＿＿＿＿＿
出票日期　　2023 年 12 月 19 日
收款人:江城市环保局镜湖分局
金 额:￥1 200.00
用 途:行政罚款
单位主管　　　　　会计

（51）12 月 20 日，购买材料。

凭证 51－1

3400163130

安徽增值税专用发票

No 02762482

开票日期：2023 年 12 月 20 日

购买方	名　　　称：安徽华胜节能灯有限公司 纳税人识别号：91340202743072128Q 地　址、电话：江城市黄山东路 122 号 开户行及账号：工行镜湖支行 13020308750950533699					密码区	略	
货物或应税劳务、 服务名称	规格型号	单位	数量	单价	金　额		税率	税　额
＊金属制品＊金属配件		个	4 000	0.47	1 880.00		13%	244.40
＊电子元件＊发光 半导体		个	4 000	14.30	57 200.00		13%	7 436.00
合　计					￥59 080.00			￥7 680.40

价税合计（大写）　⊗陆万陆仟柒佰陆拾元肆角整　　　　　　（小写）　￥66 760.40

销售方	名　　　称：安徽中远高科有限公司 纳税人识别号：91340202114980684K 地　址、电话：安徽省江城市九华南路 299 号 开户行及账号：工行九华南路支行 52000304730950556678	备注

收款人：郭爽　　　复核：何慧　　　开票人：赵大伟　　　销售方：（章）

第三联　发票联　购买方记账凭证

5

✂- ✂

凭证 51－2

中国工商银行（皖）
转账支票存根

ICBC

Ⅶ Ⅳ　0345139

附加信息＿＿＿＿＿＿＿＿＿＿

＿＿＿＿＿＿＿＿＿＿＿＿＿＿

＿＿＿＿＿＿＿＿＿＿＿＿＿＿

出票日期　　2023 年 12 月 20 日

收款人：安徽中远高科有限公司

金　额：￥66 760.40

用　途：购货款

单位主管　　　　会计

（52）12 月 20 日，本月 18 日销售给江城时尚家具有限公司的商品存在质量问题，经双方协商给予对方 20％的折让。

凭证 52 - 1

3400163130　　　　　安徽增值税专用发票　　　No 03423793

销售折让

开票日期：2023 年 12 月 20 日

购买方	名　　称：江城时尚家具有限公司 纳税人识别号：91340101607865432J 地　址、电话：江城市文化路 108 号 开户行及账号：工行文化路支行 622202366890234					密码区	略		
货物或应税劳务、服务名称	规格型号	单位	数量	单价		金　额	税率	税　额	
＊照明装置＊普通 节能灯						－16 800.00	13％	－2 184.00	
＊照明装置＊LED 节能灯						－28 800.00	13％	－3 744.00	
合　计						￥－45 600.00		￥－5 928.00	
价税合计（大写）	⊗负伍万壹仟伍佰贰拾捌元整					（小写）　￥－51 528.00			
销售方	名　　称：安徽华胜节能灯有限公司 纳税人识别号：91340202743072128Q 地　址、电话：江城市黄山东路 122 号 开户行及账号：工商银行镜湖支行 13020308750950533699					备注	销售折让，给予对方 20％折扣		

第一联　记账联　销售方记账凭证

收款人：　　　复核：郝建　　　开票人：曹敏　　　销售方：（章）

5

（53）12 月 20 日，缴纳单位计提及个人承担的住房公积金。

凭证 53 - 1

付款审批单

部门：人事部　　　2023 年 12 月 20 日

经手人	赵红梅	事　由	缴纳公积金
项目名称	金　额	付款方式	转账支票
公积金	30 400.00	备　注	
			转账付讫
合　计	￥30 400.00	大写金额	人民币：叁万零肆佰元整
单位负责人	财务主管	部门负责人	出　纳
赵邦国	陈家伟	赵雪峰	王志

附单据 2 张

凭证 53 - 2

中国工商银行 _(皖)
转账支票存根

ICBC 🏦

Ⅶ　Ⅳ　0 3 3 4 5 1 4 0

附加信息 _____

_____

_____

_____

出票日期　　　2023 年 12 月 20 日

收款人：江城市公积金管理中心

金　　额：¥ 30 400.00

用　　途：公积金

单位主管　　　　　　　会计

5

凭证 53 - 3

住房公积金汇(补)缴书

2023 年 12 月 20 日　　　　　附：缴存变更清册　　　页

缴款单位	单位名称	安徽华胜节能灯有限公司			收款单位	单位名称	江城住房公积金管理中心									
	单位账号	13021724756542159385				公积金账号	1200022223876									
	开户银行	中国工商银行镜湖支行				开户银行	交通银行中山路支行									
缴款类型	☑汇缴　□补缴				补缴原因											
缴款人数	15		缴款时间	2023 年 12 月至 2023 年 12 月				月数		1						
缴款方式	□现金　☑转账							百	十	万	千	百	十	元	角	分
金额(大写)	人民币：叁万零肆佰元整								¥	3	0	4	0	0	0	0

上次汇缴		本次增加汇缴		本次减少汇缴		本次汇(补)缴	
人数	金额	人数	金额	人数	金额	人数	金额
15	30 400					15	30 400

上述款项已划转至市住房公积金管理中心住房公积金账户内。(银行盖章)

复核：　　　　　　　　　经办：　　　　　　　2023 年 12 月 20 日

中国工商银行镜湖支行
2023年12月20日
转讫

第四联　收款单位开户行给缴款单位的收账通知

(54) 12月20日,签发3个月期限的商业汇票抵付欠安徽盛源科技有限公司货款117 000元。

凭证 54 - 1

银行承兑汇票(存根)　**3**

出票日期
（大写）　　年　月　日　　汇票号码：

出票人全称	安徽华胜节能灯有限公司	收款人	全　　称	安徽盛源科技有限公司
出票人账号	13020308750950533699		账　　号	52000304730950598738
付款行全称	中国工商银行镜湖支行		开户银行	中国工商银行齐云路支行

出票金额	人民币 （大写）		亿	千	百	十	万	千	百	十	元	角	分

汇票到期日 （大写）		付款行	行号	
承兑协议编号			地址	

备注：

此联由出票人存查

---

(55) 12月20日,签发现金支票,向希望工程捐款。

凭证 55 - 1

付款审批单

部门：厂部　　　　　　　　　　2023 年 12 月 20 日

经手人	郑新华	事　由	希望工程捐款
项目名称	金　额	付款方式	现金支票
捐款	2 000.00	附件张数	2
		备　注	转账付讫
合　计	￥2 000.00	大写金额	人民币：贰仟元整
公司领导签字	财务负责人	部门负责人	出　纳
赵邦国	陈家伟	李敏	王志

凭证 55－2

中国工商银行 (皖)
ICBC
现金支票存根

Ⅶ Ⅳ   **0 3 3 4 5 7 0 6**

附加信息＿＿＿＿＿＿＿＿＿＿＿＿

＿＿＿＿＿＿＿＿＿＿＿＿＿＿＿

＿＿＿＿＿＿＿＿＿＿＿＿＿＿＿

＿＿＿＿＿＿＿＿＿＿＿＿＿＿＿

出票日期   2023 年 12 月 20 日

收款人：中国希望工程基金会

金　额：￥2 000.00

用　途：捐赠款

单位主管　　　　　会计

5

凭证 55－3

安徽省行政事业性统一收据   No.3100144
记　账　联
2023 年 12 月 20 日

今收到：安徽华胜节能灯有限公司

交　来：希望工程捐款

人民币(大写)：贰仟元整　　　￥2 000.00

收款单位(盖章)　　　　　收款人　王平　　2023 年 12 月 20 日

中国希望工程基金会江城办会
财务专用章

第二联 收据联

(56)12月21日,收到20日购入的安徽中远高科有限公司材料,短少发光半导体200个,原因待查。

凭证 56 - 1

<h2 style="text-align:center">收 料 单(记账凭证)</h2>

材料类别: 　　　　　　　　　　　年 月 日 　　　　　　　　　　　收料仓库

名称	规格	单位	数量		实际成本					计划成本		② 财务
			应收	实收	单价	金额	运费	其他	合计	单位成本	金额	
合 计												

主管: 　　　　记账: 　　　　仓库保管: 陈实 　　　　经办人: 张东

- - - ✄ - ✄ - - -

(57)12月21日,收回前期确认的坏账。

凭证 57 - 1

<table>
<tr><td>ICBC 中国工商银行</td><td colspan="2">进账单(收账通知)</td><td>3</td></tr>
<tr><td colspan="4" style="text-align:center">2023 年 12 月 21 日　　　　　　　第 487890 号</td></tr>
</table>

付款人	全 称	安徽昌盛家电城	收款人	全 称	安徽华胜节能灯有限公司
	账 号	13024258750946758643		账 号	13020308750950533699
	开户银行	中国工商银行黄山路支行		开户银行	中国工商银行镜湖支行
人民币(大写)		贰仟元整			千 百 十 万 千 百 十 元 角 分 　　　　　　　 ¥ 2 0 0 0 0 0
票据种类	支票	票据张数	1	转讫	开户银行签章

中国工商银行镜湖支行 2023 年 12 月 21 日

此联是收款人开户银行交给收款人的收账通知

5

- - - ✄ - ✄ - - -

凭证 57 - 2

<h2 style="text-align:center">特殊事项说明</h2>

　　本公司应收安徽昌盛家电城账款¥2 000.00 元(金额大写:人民币贰仟元整)于 2023 年 10 月 31 日已确认为坏账。

　　2023 年 12 月 21 日,本公司收到安徽昌盛家电城返还款项¥2 000.00 元(金额大写:人民币贰仟元整),经批准,冲销已确认的坏账损失。

说明人: 何三平 　　　　审核: 陈家伟 　　　　批准: 赵雪峰

（58）12 月 22 日,出售陈旧机器设备一台。（该固定资产系 2009 年后购入。）

固定资产的
处置

凭证 58 - 1

固定资产报废单

2023 年 12 月 22 日

固定资产名称及编号	规格型号	单位	数量	预计使用年限	已使用年限	原始价值	已提折旧	备注
设备 1	MT30	台	1	10	9	200 000	172 800	
固定资产状况及报废原因		设备更新						
处理意见	使用部门		技术鉴定小组		固定资产管理部门		审批	
	同意		同意		同意		同意	

✲- ✲ - - -

凭证 58 - 2

3400163130　　安徽增值税专用发票　　No 03423794

开票日期：2023 年 12 月 22 日

5

购买方	名　　　称：江城市红星灯具厂 纳税人识别号：91452202345236765C 地　址、电话：江城市长江南路 223 号 开户行及账号：工行中山路支行 452202345892454				密码区	略		
货物或应税劳务、服务名称	规格型号	单位	数量	单价	金　额	税率	税　额
＊通用设备＊设备		台	1	15 000.00	15 000.00	13%	1 950.00
合　　计					￥15 000.00		￥1 950.00
价税合计(大写)	⊗壹万陆仟玖佰伍拾元整				(小写)　￥16 950.00		
销售方	名　　　称：安徽华胜节能灯有限公司 纳税人识别号：91340202743072128Q 地　址、电话：江城市黄山东路 122 号 开户行及账号：工行镜湖支行 13020308750950533699				备注			

收款人：　　复核：郝 建　　开票人：曹 敏　　销售方：(章)

第一联　记账联　销售方记账凭证

凭证 58－3

ICBC 中国工商银行 进账单(收账通知) **3**

2023 年 12 月 22 日　　　　　　　　　第 450234 号

付款人	全　称	江城市红星灯具厂	收款人	全　称	安徽华胜节能灯有限公司
	账　号	452202345892454		账　号	13020308750950533699
	开户银行	中国工商银行中山路支行		开户银行	中国工商银行镜湖支行

人民币 (大写)	壹万陆仟玖佰伍拾元整	千	百	十	万	千	百	十	元	角	分
				¥	1	6	9	5	0	0	0

票据种类	支票	票据张数	1
票据号码			

中国工商银行镜湖支行
2023年12月22日
转讫

单位主管　　会计　　复核　　记账	开户银行签章

✂ - ✂

（59）12 月 22 日，支付机器设备清理费。

凭证 59－1

付 款 审 批 单

部门：车间　　　　　　　　　2023 年 12 月 22 日

经手人	赵　敏	事　由	设备清理
项目名称	金　额	付款方式	现金
设备清理费	500.00	附件张数	1
		备　注	现金付讫
合　计	￥500.00	大写金额	人民币：伍佰元整
公司领导签字	财务负责人	部门负责人	出　纳
赵邦国	陈家伟	刘家林	王志

5

凭证 59－2

费用发放明细表

2023 年 12 月 22 日

序号	姓 名	金 额	签 名	备 注
1	张大年	100.00	张大年	
2	陈海东	100.00	陈海东	
3	何 四	100.00	何 四	设备清理支付职工劳务。
4	王 东	100.00	王 东	
5	赵三平	100.00	赵三平	
合 计		500.00		

审核：陈晓东　　　　　　　　　制表人：谢 欣

- - - ✂ - ✂ - - -

（60）12 月 22 日,缴纳相关税费。

凭证 60－1

中 华 人 民 共 和 国
税 收 通 用 完 税 证

（2023）
完电字：02558712
校验码：

隶属关系：　　　　　　　　　　　填发日期：2023 年 12 月 22 日　　　征收机关：

注册类型：

纳税人代码	91340202743072128Q		地 址	江城市黄山东路 122 号
纳税人名称	安徽华胜节能灯有限公司		税款所属期	2023 年 11 月 1 日至 30 日
税 种	品 目 名 称	计税金额、销售收入或课税数量	税率或单位税额	已缴或扣除额	实缴税额
个人所得税					1 520.00
金额合计	（大写）壹仟伍佰贰拾元整				￥1 520.00
税务机关（盖章）	委托代征单位(人)（盖章）	填票人（章）	备注	

中国工商银行镜湖支行
2023年12月22日
转讫

（打印有效,手写开票无效）

第二联（收据）交纳税人作完税凭证

5

凭证 60－2

中 华 人 民 共 和 国
税 收 通 用 缴 款 书

纳税人编码：

隶属关系：

注册类型：

校验码：

（2023）皖 No.2337589

国税缴电：

征收机关：

填发日期：2023 年 12 月 22 日

缴款单位	代 码	91340202743072128Q	预算科目	编 号	
	全 称	安徽华胜节能灯有限公司		名 称	
	开户银行	中国工商银行镜湖支行		级 次	
	账 号	13020308750950533699	税款国库		

税款所属时期 **2023** 年 **10** 月 **01** 日至 **2023** 年 **12** 月 **31** 日　　税款限缴时间　年　月　日

品目名称	课税数量	计税金额或销售收入	税率或单位税额	已缴或扣除额	实缴金额
企业所得税			25%		55 000.00
金额合计	（大写）伍万伍仟元整				￥55 000.00

中国工商银行镜湖支行
2023年12月22日
转讫

缴款单位（人）（盖章）	税务机关（盖章）	上列款项已收妥并划转收款单位账户	备
经办人（章）	填票人（章）	国库（银行）盖章　　年　　月　　日	注

逾期不缴按税法规定加收滞纳金

无银行收讫章无效

第一联（数据）国库（经收处）收款盖章后退缴款单位（人）作完税凭证

✂ — ✂

（61）12 月 25 日，结转机器设备清理净损益。

凭证 61－1

固定资产清理明细表

年　月　日

固定资产名称		生产设备	部门	生产车间
清理原因		设备更新		
原值	已提折旧	已提减值准备	账面价值	清理收入
清理支出	清理净损益			

会计主管：　　　　　　　审核：　　　　　　　　制单：

（62）12月26日,向安徽中远高科有限公司购入的发光半导体缺少200个的原因已查明,属于对方少发货,对方已退回货款。

凭证 62-1

ICBC 中国工商银行 进账单（收账通知） 3

2023 年 12 月 26 日　　　第 450234 号

付款人	全　称	安徽中远高科有限公司	收款人	全　称	安徽华胜节能灯有限公司
	账　号	52000354630950593676		账　号	13020308750950533699
	开户银行	中国工商银行齐云路支行		开户银行	中国工商银行镜湖支行

人民币（大写）	叁仟贰佰叁拾壹元捌角整	千	百	十	万	千	百	十	元	角	分
					¥	3	2	3	1	8	0

票据种类	支票	票据张数	1
票据号码			

中国工商银行镜湖支行 2023年12月26日 转讫

单位主管　会计　复核　记账　　　　开户银行签章

此联是收款人开户银行交给收款人的收账通知

凭证 62-2

3400163130　　　安徽增值税专用发票　　　No 02762494

开票日期：2023 年 12 月 26 日

购买方	名　称：安徽华胜节能灯有限公司 纳税人识别号：91340202743072128Q 地址、电话：江城市黄山东路 122 号 开户行及账号：工行镜湖支行 13020308750950533699	密码区	略

货物或应税劳务、服务名称	规格型号	单位	数量	单价	金　额	税率	税　额
*电子元件*发光半导体		个	200	14.30	-2 860.00	13%	-371.80
合　计					¥-2 860.00		¥-371.80

价税合计（大写）	⊗负叁仟贰佰叁拾壹元捌角整	（小写）¥-3 231.80

销售方	名　称：安徽中远高科有限公司 纳税人识别号：91340202114980684K 地址、电话：安徽省江城市九华南路 299 号 开户行及账号：工行九华南路支行 52000304730950556678	备注	安徽中远高科有限公司 91340202114980684K 发票专用章

收款人：郭爽　　复核：何慧　　开票人：赵大伟　　销售方：（章）

第三联 发票联 购买方记账凭证

（63）12 月 26 日,税收返还。

凭证 63 - 1

<u>**中国工商银行** 网上银行电子回单</u>

回单号码：818422457898

付款人	户名	江城市税务局	收款人	户名	安徽华胜节能灯有限公司
	账号	13020104770434803638		账号	13020308750950533699
	开户银行	中国工商银行镜湖支行		开户银行	中国工商银行镜湖支行
金额		￥50 000.00	金额大写：人民币伍万元整		
摘要		收到税收返还款	业务(产品)种类		
用途		税收返还款			
交易流水号		ER00002435667356	时间		
记账网点			记账柜员		记账日期

打印日期：2023 - 12 - 26

（64）12 月 26 日,收到银行存款利息。

凭证 64 - 1

中国工商银行计算利息清单(收款通知)

单位名称：安徽华胜节能灯有限公司　　　2023 年 12 月 26 日　　　账号：13020308750950533699

起息日期			结息日期			天数	积数	年利率	利　息								第一联
年	月	日	年	月	日				十万	千	百	十	元	角	分		
								3%		￥	4	1	0	5	2	5	收入凭证
							分录	转讫					记账				

（65）12 月 26 日，签发现金支票，支付补贴职工食堂的福利费。

凭证 65 - 1

付 款 审 批 单

部门：厂部　　　　　　　　2023 年 12 月 26 日

经手人	赵丽丽	事　由	给予职工食堂补助
项目名称	金　额	付款方式	现金支票
午餐补助费	10 000.00	附件张数	2
		备　注	转账付讫
合　计	￥10 000.00	大写金额	人民币：壹万元整
公司领导签字	财务负责人	部门负责人	出　纳
赵邦国	陈家伟	李敏	王志

✂- ✂

凭证 65 - 2

福利费用分配表

2023 年 12 月 26 日

受益部门	金额/元
生产车间	5 000.00
销售部门	2 800.00
管理部门	2 200.00
合　计	10 000.00

审核：陈晓东　　　　　　　　制表人：谢欣

✂- ✂

凭证 65 - 3

中国工商银行（皖）
现金支票存根

ICBC

Ⅶ　Ⅳ　　0 3 3 4 5 7 0 7

附加信息＿＿＿＿＿＿＿＿＿

＿＿＿＿＿＿＿＿＿＿＿＿＿

＿＿＿＿＿＿＿＿＿＿＿＿＿

＿＿＿＿＿＿＿＿＿＿＿＿＿

出票日期　　2023 年 12 月 26 日

收款人：陈磊
金　额　￥10 000.00
用　途：职工福利费

单位主管　　　　　会计

5

（66）12 月 31 日,摊销无形资产。

凭证 66 - 1

无形资产摊销表

2023 年 12 月 31 日

无形资产	使用部门	金额	月摊销率	月摊销额
专利	车间	800 000	1%	8 000
合 计		800 000		8 000

会计主管：陈家伟　　　　　审核：陈晓东　　　　　制单：谢 欣

- - - ✄ - ✄ - - -

（67）12 月 31 日,固定资产摊销。

凭证 67 - 1

固定资产折旧提取计算表

2023 年 12 月 31 日

部门	固定资产类别	原值	月折旧率	月折旧额
车间	房屋	750 000		
	生产设备	850 000		
	小计	1 600 000		
管理部门	房屋	300 000		
	运输设备	350 000		
	管理设备	230 000		
	小计	880 000		
销售部门	房屋	250 000		
	运输设备	360 000		
	小计	610 000		
合 计		3 090 000		

会计主管：陈家伟　　　　　复核：陈晓东　　　　　制单：谢 欣

- - - ✄ - ✄ - - -

（68）12 月 31 日,经核查公司电表记录,分配本月应付电费。

动力费用的
归集与分配

凭证 68 - 1

电费分配计算表

2023 年 12 月 31 日

使用部门	耗电量/度	分配率/(元/度)	金额/元
生产车间	32 000	1	32 000
管理部门	8 000	1	8 000
销售部门	5 000	1	5 000
合 计	45 000	—	45 000

会计主管：陈家伟　　　　　复核：陈晓东　　　　　制单：谢 欣

（69）12月31日,经核查公司水表记录,分配本月应付水费。

凭证 69-1

水费分配计算表
2023 年 12 月 31 日

使用部门	耗电量/吨	分配率/(元/吨)	金额/元
生产车间	9 500	5	47 500
管理部门	1 800	5	9 000
销售部门	1 700	5	8 500
合　计	13 000		65 000

会计主管：陈家伟　　　　复核：陈晓东　　　　制单：谢欣

（70）12月31日,下半月领用材料汇总。

凭证 70-1

材料发料汇总表
2023 年 12 月 31 日

项目	灯管		发光半导体		金属配件		合计
	数量	金额	数量	金额	数量	金额	
普通节能灯							
LED 节能灯							
一般耗用							
合　计							

会计主管：　　　　复核：　　　　制表：

凭证 70-2

领料单

领用单位：生产车间(LED 节能灯)　　　2023 年 12 月 16 日　　　No. 202312021

名称	单位	请领	实发	计划单位成本	成本
灯管	个	458	458	10	4 580
发光半导体	个	458	458	14	6 412
金属配件	个	458	458	0.5	229
合　计					￥11 221

采供部主管：赵海　　　　领料：王悦　　　　仓库：孙露

凭证 70 - 3

领 料 单

领用单位：生产车间（一般耗用）　　　2023 年 12 月 18 日　　　No. 202312022

名称	单位	请领	实发	计划单位成本	成本
灯管	个	112	112	10	1 120
发光半导体	个	38	38	14	532
金属配件	个	76	76	0.5	38
合　计					￥1 690

采供部主管：赵海　　　　　领料：王悦　　　　　仓库：孙露

凭证 70 - 4

领 料 单

领用单位：生产车间（普通节能灯）　　　2023 年 12 月 18 日　　　No. 202312023

名称	单位	请领	实发	计划单位成本	成本
灯管	个	351	351	10	3 510
发光半导体	个	351	351	14	4 914
金属配件	个	351	351	0.5	175.5
合　计					￥8 599.5

采供部主管：赵海　　　　　领料：王悦　　　　　仓库：孙露

凭证 70 - 5

领 料 单

领用单位：生产车间（LED 节能灯）　　　2023 年 12 月 19 日　　　No. 202312024

名称	单位	请领	实发	计划单位成本	成本
灯管	个	465	465	10	4 650
发光半导体	个	465	465	14	6 510
金属配件	个	465	465	0.5	232.5
合　计					￥11 392.5

采供部主管：赵海　　　　　领料：王悦　　　　　仓库：孙露

凭证 70 - 6

领 料 单

领用单位：生产车间（普通节能灯）　　　2023 年 12 月 19 日　　　No. 202312025

名称	单位	请领	实发	计划单位成本	成本
灯管	个	200	200	10	2 000
发光半导体	个	200	200	14	2 800
金属配件	个	200	200	0.5	100
合　计					￥4 900

采供部主管：赵海　　　　　领料：王悦　　　　　仓库：孙露

凭证 70 - 7

领 料 单

领用单位：生产车间（普通节能灯）　　　　2023 年 12 月 19 日　　　　　　　No. 202312026

名称	单位	请领	实发	计划单位成本	成本
灯管	个	257	257	10	2 570
发光半导体	个	257	257	14	3 598
金属配件	个	257	257	0.5	128.5
合　计					￥6 296.5

采供部主管：赵海　　　　　　　　领料：王悦　　　　　　　　仓库：孙露

凭证 70 - 8

领 料 单

领用单位：生产车间（LED 节能灯）　　　　2023 年 12 月 20 日　　　　　　　No. 202312027

名称	单位	请领	实发	计划单位成本	成本
灯管	个	483	483	10	4 830
发光半导体	个	483	483	14	6 762
金属配件	个	483	483	0.5	241.5
合　计					￥11 833.5

采供部主管：赵海　　　　　　　　领料：王悦　　　　　　　　仓库：孙露

凭证 70 - 9

领 料 单

领用单位：生产车间（一般耗用）　　　　2023 年 12 月 20 日　　　　　　　No. 202312028

名称	单位	请领	实发	计划单位成本	成本
灯管	个	99	99	10	990
发光半导体	个	33	33	14	462
金属配件	个	66	66	0.5	33
合　计					￥1 485

采供部主管：赵海　　　　　　　　领料：王悦　　　　　　　　仓库：孙露

凭证 70 - 10

领 料 单

领用单位：生产车间（普通节能灯）　　　　2023 年 12 月 21 日　　　　　　　No. 202312029

名称	单位	请领	实发	计划单位成本	成本
灯管	个	236	236	10	2 360
发光半导体	个	236	236	14	3 304
金属配件	个	236	236	0.5	118
合　计					￥5 782

采供部主管：赵海　　　　　　　　领料：王悦　　　　　　　　仓库：孙露

5

凭证 70 - 11

领　料　单

领用单位：生产车间(普通节能灯)　　　　2023 年 12 月 22 日　　　　No. 202312030

名称	单位	请领	实发	计划单位成本	成本
灯管	个	276	276	10	2 760
发光半导体	个	276	276	14	3 864
金属配件	个	276	276	0.5	138
合　计					￥6 762

采供部主管：赵海　　　　　　　领料：王悦　　　　　　　仓库：孙露

凭证 70 - 12

领　料　单

领用单位：生产车间(一般耗用)　　　　2023 年 12 月 22 日　　　　No. 202312031

名称	单位	请领	实发	计划单位成本	成本
灯管	个	89	89	10	890
发光半导体	个	29	29	14	406
金属配件	个	58	58	0.5	29
合　计					￥1 325

采供部主管：赵海　　　　　　　领料：王悦　　　　　　　仓库：孙露

凭证 70 - 13

领　料　单

领用单位：生产车间(LED 节能灯)　　　　2023 年 12 月 22 日　　　　No. 202312032

名称	单位	请领	实发	计划单位成本	成本
灯管	个	450	450	10	4 500
发光半导体	个	450	450	14	6 300
金属配件	个	450	450	0.5	225
合　计					￥11 025

采供部主管：赵海　　　　　　　领料：王悦　　　　　　　仓库：孙露

凭证 70 - 14

领　料　单

领用单位：生产车间(LED 节能灯)　　　　2023 年 12 月 22 日　　　　No. 202312033

名称	单位	请领	实发	计划单位成本	成本
灯管	个	432	432	10	4 320
发光半导体	个	432	432	14	6 048
金属配件	个	432	432	0.5	216
合　计					￥10 584

采供部主管：赵海　　　　　　　领料：王悦　　　　　　　仓库：孙露

5

凭证 70 - 15

领　料　单

领用单位：生产车间（普通节能灯）　　　2023 年 12 月 25 日　　　No. 202312034

名称	单位	请领	实发	计划单位成本	成本
灯管	个	288	288	10	2 880
发光半导体	个	288	288	14	4 032
金属配件	个	288	288	0.5	144
合　计					￥7 056

采供部主管：赵海　　　　　领料：王悦　　　　　仓库：孙露

凭证 70 - 16

领　料　单

领用单位：生产车间（LED 节能灯）　　　2023 年 12 月 26 日　　　No. 202312035

名称	单位	请领	实发	计划单位成本	成本
灯管	个	493	493	10	4 930
发光半导体	个	493	493	14	6 902
金属配件	个	493	493	0.5	246.5
合　计					￥12 078.5

采供部主管：赵海　　　　　领料：王悦　　　　　仓库：孙露

凭证 70 - 17

领　料　单

领用单位：生产车间（LED 节能灯）　　　2023 年 12 月 26 日　　　No. 202312036

名称	单位	请领	实发	计划单位成本	成本
灯管	个	400	400	10	4 000
发光半导体	个	400	400	14	5 600
金属配件	个	400	400	0.5	200
合　计					￥9 800

采供部主管：赵海　　　　　领料：王悦　　　　　仓库：孙露

凭证 70 - 18

领　料　单

领用单位：生产车间（普通节能灯）　　　2023 年 12 月 27 日　　　No. 202312037

名称	单位	请领	实发	计划单位成本	成本
灯管	个	276	276	10	2 760
发光半导体	个	276	276	14	3 864
金属配件	个	276	276	0.5	138
合　计					￥6 762

采供部主管：赵海　　　　　领料：王悦　　　　　仓库：孙露

凭证 70 - 19

<h1 style="text-align:center">领　料　单</h1>

领用单位：生产车间（普通节能灯）　　　2023 年 12 月 29 日　　　No. 202312038

名称	单位	请领	实发	计划单位成本	成本
灯管	个	116	116	10	1 160
发光半导体	个	116	116	14	1 624
金属配件	个	116	116	0.5	58
合　计					￥2 842

采供部主管：赵海　　　　　领料：王悦　　　　　仓库：孙露

凭证 70 - 20

<h1 style="text-align:center">领　料　单</h1>

领用单位：生产车间（LED 节能灯）　　　2023 年 12 月 29 日　　　No. 202312039

名称	单位	请领	实发	计划单位成本	成本
灯管	个	421	421	10	4 210
发光半导体	个	421	421	14	5 894
金属配件	个	421	421	0.5	210.5
合　计					￥10 314.5

采供部主管：赵海　　　　　领料：王悦　　　　　仓库：孙露

5

凭证 70 - 21

<h1 style="text-align:center">领　料　单</h1>

领用单位：生产车间（LED 节能灯）　　　2023 年 12 月 29 日　　　No. 202312040

名称	单位	请领	实发	计划单位成本	成本
灯管	个	398	398	10	3 980
发光半导体	个	398	398	14	5 572
金属配件	个	398	398	0.5	199
合　计					￥9 751

采供部主管：赵海　　　　　领料：王悦　　　　　仓库：孙露

（71）12月31日,结转材料成本差异。

凭证 71-1

<h2 style="text-align:center">材料成本差异率计算表</h2>

年 月 日　　　　　　　　　　　　　　　单位:元

材料成本差异		原材料计划成本		材料成本差异率/%
期初结存	本期增加	期初结存	本期增加	

凭证 71-2

<h2 style="text-align:center">发出材料成本差异计算表</h2>

年 月 日　　　　　　　　　　　　　　　单位:元

领用部门及用途	灯管			发光半导体			金属配件			合计
	计划成本	差异率	差异额	计划成本	差异率	差异额	计划成本	差异率	差异额	
合　计										

会计主管:　　　　　　复核:　　　　　　制表:

5

- - - - - - ✂ - ✂ - - - - - -

（72）12月31日,分配制造费用,按照生产工人工资的比例进行分配。(分配率保留4位小数,尾差计入 LED 节能灯,金额保留 2 位小数。)

凭证 72-1

<h2 style="text-align:center">制造费用分配表</h2>

年 月 日　　　　　　　　　　　　　　　单位:元

分配对象 (产品)	分配标准 (生产工人工资)	分配率 (单位成本)	分摊金额
合　计			

会计主管:　　　　　　复核:　　　　　　制表:

（73）12 月 31 日,结转完工产品成本。(普通节能灯完工 3 000 个,LED 节能灯完工
4 000 个,完工产品成本信息如成本计算单所示。)

凭证 73 - 1

产品成本计算单

产品:普通节能灯　　　　　　　　　　　年　月　日　　　　　　　　　　单位:元

成本项目	月初在产品成本	本月发生费用	生产费用合计	完工产品总成本	单位成本	期末在产品成本
直接材料				66 430		
直接人工				45 560		
制造费用				15 510		
合　计				127 500		

会计主管: 陈家伟　　　　　复核: 陈晓东　　　　　制表: 谢 欣

- - - ✄ - ✄ - - -

凭证 73 - 2

产品成本计算单

产品:LED 节能灯　　　　　　　　　　　年　月　日　　　　　　　　　　单位:元

成本项目	月初在产品成本	本月发生费用	生产费用合计	完工产品总成本	单位成本	期末在产品成本
直接材料				112 640		
直接人工				61 640		
制造费用				63 720		
合　计				238 000		

会计主管: 陈家伟　　　　　复核: 陈晓东　　　　　制表: 谢 欣

- - - ✄ - ✄ - - -

凭证 73 - 3

产品入库单

年　月　日

产品编号	产品名称	计量单位	实收数量	单位成本	总成本
合　计					

主管:　　　　　　保管:　　　　　　交库:　　　　　　会计:

（74）12 月 31 日,结转本月产品销售成本。

凭证 74 - 1

产品成本计算表

年　月　日

产品名称	单位	月初结存		本月入库		本月合计		
		数量	总成本	数量	总成本	数量	加权平均单位成本	总成本
合　计								

会计主管：　　　　　　复核：　　　　　　制表：

注：加权平均单价保留 2 位小数。

凭证 74 - 2

主营业务成本计算表

年　月　日

产品名称	计量单位	销售数量	单位成本	销售总成本
合　计				

会计主管：　　　　　　复核：　　　　　　制表：

（75）12 月 31 日，转出未交增值税。

凭证 75 - 1

应交增值税计算表

年　月　日至　　年　月　日　　　　　　　　　　单位：元

项　目			计税金额	税率	税额
销项	应税货物	货物名称			
		小计			
	应税劳务（服务）	劳务（服务）名称			
		小计			
进项	本期进项税额发生额				
	进项税额转出				
	1.				
	2.				
应纳税额					

会计主管：　　　　　　　复核：　　　　　　　　制表：

5

- - - - ✄ - ✄ - - - -

（76）12 月 31 日，计提城市维护建设税、教育费附加。

凭证 76 - 1

应交城市维护建设税和教育费附加计算表

年　月　日

税种	计税依据			税率	应纳税金额
	增值税	消费税	合计		
城市维护建设税				7％	
教育费附加				3％	
合　计					

会计主管：　　　　　　　复核：　　　　　　　　制表：

（77）12 月 31 日,计提固定资产减值准备(该设备之前未计提减值准备)。

凭证 77-1

固定资产减值计算表

2023 年 12 月 31 日

项目名称	原值	累计折旧	账目净值	可收回金额	减值金额
G 设备	240 000.00	135 000.00	105 000.00	103 720.00	
合　计					

会计主管：陈家伟　　　　　审核：陈晓东　　　　　制单：谢　欣

加强固定资产核算与管理,夯实企业家底

- - - - - ✂ - ✂ - - - - -

（78）12 月 31 日,计提借款利息(长期借款利息不符合资本化条件)。

银行借款及利息费用的核算

凭证 78-1

银行借款基本信息表

2023 年 12 月 31 日

借款项目	借款对象	本金	年利率	借款期限	备注
短期借款	中国农业银行	550 000	7.2%	2023.10.1—2024.3.31	按季付息到期还本
短期借款	交通银行	200 000	7.2%	2023.12.2—2024.8.31	按季付息到期还本
长期借款	中国农业银行	300 000	8.4%	2021.10.1—2024.10.1	按季付息到期还本
长期借款	交通银行	500 000	8.4%	2020.7.1—2024.7.1	按季付息到期还本

- - - - - ✂ - ✂ - - - - -

凭证 78-2

借款利息计算表

年　月　日

借款项目	借款对象	本金	月利率	本月计提利息
合　计				

会计主管：　　　　　审核：　　　　　制单：

（79）12 月 31 日,支付第四季度利息。

凭证 79 - 1　中国农业银行计付贷款利息清单（付款通知）

账号：32 - 98812675　　　　　　　　　2023 年 12 月 31 日

单位名称	安徽华胜节能灯有限公司		结算账号	622202337882125	
计息起讫日期	2023 年 10 月 1 日　起　　2023 年 12 月 31 日　止				
计息账号	计息总积数		季利率	利息金额	
	550 000		1.8%	9 900.00	

（盖章内容）中国农业银行蜀湖支行 2023年12月31日 你单位所借贷款利息已从你单位结算户如数支付。 转致 贷款单位（银行盖章）

✂ - ✂

凭证 79 - 2　中国农业银行计付贷款利息清单（付款通知）

账号：32 - 98812675　　　　　　　　　2023 年 12 月 31 日

单位名称	安徽华胜节能灯有限公司		结算账号	622202337882125	
计息起讫日期	2023 年 10 月 1 日　起　　2023 年 12 月 31 日　止				
计息账号	计息总积数		季利率	利息金额	
	300 000		2.1%	6 300.00	

（盖章内容）中国农业银行蜀湖支行 2023年12月31日 你单位所借贷款利息已从你单位结算户如数支付。 转致 贷款单位（银行盖章）

✂ - ✂

凭证 79 - 3　交通银行计付贷款利息清单（付款通知）

账号：57 - 93814675　　　　　　　　　2023 年 12 月 31 日

单位名称	安徽华胜节能灯有限公司		结算账号	622262637882137	
计息起讫日期	2023 年 12 月 2 日　起　　2023 年 12 月 31 日　止				
计息账号	计息总积数		季利率	利息金额	
	200 000		1.8%	1 200.00	

（盖章内容）中国交通银行蜀湖支行 2023年12月31日 你单位所借贷款利息已从你单位结算户如数支付。 转致 贷款单位（银行盖章）

凭证 79 - 4

<u>交通银行计付贷款利息清单(付款通知)</u>

账号：57 - 93814675　　　　　　　2023 年 12 月 31 日

单位名称	安徽华胜节能灯有限公司	结算账号	622262637882137	
				中国交通银行保靖镇上述贷款利息已从你单位结算户如数支付。此致贷款单位（银行盖章）转讫 2023年12月31日
计息起讫日期	2023 年 10 月 1 日　起　2023 年 12 月 31 日　止			
计息账号	计息总积数	季利率	利息金额	
	500 000	2.1%	10 500.00	

✂ - ✂

（80）12 月 31 日，计提坏账准备。

凭证 80 - 1

坏账准备提取计算表

年　月　日

"应收账款"年末余额	坏账准备计提比例	减值金额	"坏账准备"调整前余额	本期计提数

会计主管：　　　　　　审核：　　　　　　制单：

✂ - ✂

（81）12 月 31 日，交易性金融资产期末计量。

凭证 81 - 1

交易性金融资产期末公允价值变动损益计算表

年　月　日

名称	数量	账面价值	公允价值	公允价值变动损益
中国联通	10 000 股		61 800	
海螺水泥	10 000 股		171 000	

会计主管：　　　　　　审核：　　　　　　制单：

（82）12 月 31 日，长期待摊费用摊销。

凭证 82－1

长期待摊费用摊销表

2023 年 12 月 31 日

摊销部门	项目	金额	摊销期限/月	月摊销额
管理部门	租赁费	72 000.00	24	3 000.00
合　计				3 000.00

会计主管：陈家伟　　　　审核：陈晓东　　　　制单：谢欣

（83）12 月 31 日，结转收入类账户。

凭证 83－1

本月收入类账户发生额汇总表

2023 年 12 月 31 日

序号	账户名称	贷方余额
1	主营业务收入	
2	其他业务收入	
3	营业外收入	
4	投资收益	
5	公允价值变动损益	
6	资产处置损益	
7	其他收益	
8	合　计	

会计主管：　　　　复核：　　　　制表：

利润形成业务
的核算

5

（84）12 月 31 日，结转支出类账户。

凭证 84－1

本月费用类账户发生额汇总表

2023 年 12 月 31 日

序号	账户名称	借方余额
1	主营业务成本	
2	其他业务成本	
3	税金及附加	
4	销售费用	
5	管理费用	
6	财务费用	
7	信用减值损失	
8	资产减值损失	
9	营业外支出	
	合　计	

会计主管：　　　　复核：　　　　制表：

（85）12 月 31 日,所得税费用计算。

所得税计算相关事项说明

① 本年度应纳税所得额计算中需纳税调整的事项包括以下几个方面:

a. 国债利息收入 50 000 元。

b. 行政罚款支出 35 000 元。

c. 政府补助收入 155 000 元。

d. 公允价值变动收益 46 200 元按税法规定不需纳税。

e. 资产减值损失 3 680 元按税法规定不予扣除。

f. 信用减值损失 9 889.42 元按税法规定不予扣除。

g. 本年度共发生业务招待费 185 000 元。

② 本年度递延所得税计算中,应纳税暂时性差异增加 11 200 元,可抵扣暂时性差异增加 24 000 元,递延所得税全部影响当期损益。

凭证 85 - 1

所得税费用计算表

项　　目	金　　额
一、年度利润总额	
加:纳税调整增加额	
行政罚款支出	
资产减值损失	
信用减值损失	
不予抵扣的业务招待费	
减:纳税调整减少额	
国债利息	
政府补助收入	
公允价值变动收益	
二、应纳税所得额	
所得税税率	
三、应交所得税	
四、递延所得税	
递延所得税资产发生额	
递延所得税负债发生额	
五、所得税费用	

（86）12 月 31 日,结转"所得税费用"账户余额到"本年利润"。

（87）12 月 31 日,结转"本年利润"账户余额到"利润分配——未分配利润"。

（88）12 月 31 日,计提法定盈余公积。

凭证 88 - 1

法定盈余公积计算表

2023 年 12 月 31 日

项　目	利润分配基数	分配比例	分配金额
法定盈余公积金		10％	
合　计			

会计主管：　　　　　　复核：　　　　　　制表：

------------------------------✂-------------------------------✂---

（89）12 月 31 日，分配投资者利润。

凭证 89 - 1

利润分配计算表

2023 年 12 月 31 日

项　目	利润分配基数	分配比例	分配金额
对外分配利润			
合　计			

会计主管：　　　　　　复核：　　　　　　制表：

5

利润分配
业务的核算

（90）12 月 31 日，将已分配利润转入"利润分配——未分配利润"。

凭证 90 - 1

材料类别：

附表 材料成本差异明细账

年		凭证		摘要	本月收入			材料成本差异率/%	本月发出			本月结存	
月	日	字	号		计划成本	借方差异	贷方差异		计划成本	借方差异	贷方差异	计划成本	借方差异	贷方差异

5

凭证 90 - 2

附表　材料成本差异明细账

材料类别：

年		凭证		摘要	本月收入			材料成本差异率/%	本月发出			本月结存		
月	日	字	号		计划成本	借方差异	贷方差异		计划成本	借方差异	贷方差异	计划成本	借方差异	贷方差异

附表　材料成本差异明细账

凭证 90－3

材料类别：

年		凭证		摘要	本月收入			材料成本差异率/%	本月发出			本月结存		
月	日	字	号		计划成本	借方差异	贷方差异		计划成本	借方差异	贷方差异	计划成本	借方差异	贷方差异

凭证 90－4

附表　材料成本差异明细账

材料类别：

年		凭证		摘要	本月收入			材料成本差异率/%	本月发出			本月结存		
月	日	字	号		计划成本	借方差异	贷方差异		计划成本	借方差异	贷方差异	计划成本	借方差异	贷方差异

项目六　处理期末工作

任务一　对账

对账就是对账簿记录进行核对。为了保证各种账簿记录的完整和正确,为编制会计报表提供真实可靠的数据资料,必须做好对账工作。对账包括账证核对、账账核对、账实核对。

表 6-1　总账、明细账余额试算平衡表

总账账户名称	期末余额	所属明细账户名称	期末余额

对账

6

总账账户名称	期末余额	所属明细账户名称	期末余额

6

任务二 结账

按照《会计基础工作规范》的要求,各单位应当按照规定定期结账。

(1) 库存现金日记账和银行存款日记账必须逐日结出余额。

(2) 每一账页登记完毕结转下页时,应当结出本页合计数及余额,写在本页最后一行和下页第一行有关栏内,并在摘要栏内注明"过次页"和"承前页"字样;也可以将本页合计数及金额只写在下页第一行有关栏内,并在摘要栏内注明"承前页"字样。

(3) 对需要结计本月发生额的账户,结计"过次页"的本页合计数应当为自本月月初起至本页末止的发生额合计数;对需要结计本年累计发生额的账户,结计"过次页"的本页合计数应当为自年初起至本页末止的累计数;对既不需要结计本月发生额又不需要结计本年累计发生额的账户,可以只将每页末的余额结转次页。

(4) 结账前,必须将本期内所发生的各项经济业务全部登记入账。

(5) 结账时,应当结出每个账户的期末余额。需要结出当月发生额的,应当在摘要栏内注明"本月合计"字样,并在下面通栏划单红线。需要结出本年累计发生额的,应当在摘要栏内注明"本年累计"字样,并在下面通栏划单红线;12月末的"本年累计"就是全年累计发生额。全年累计发生额下面应当通栏划双红线。年度终了结账时,所有总账账户都应当结出全年发生额和年末余额。

(6) 年度终了,要把各账户的余额结转到下一会计年度,并在摘要栏注明"结转下年"字样;在下一会计年度新建有关会计账簿的第一行余额栏内填写上年结转的余额,并在摘要栏注明"上年结转"字样。

任务三 编制会计报表

各单位必须按照国家统一会计制度的规定,定期编制财务报告。会计报表的编制依据是经过对账后准确无误的会计账簿资料以及其他相关资料。为了简化核算工作,本实训仅编制资产负债表(表 6-2)和利润表(表 6-3)。

表 6-2 资产负债表

会企 01 表

编制单位: ____年____月____日　　　　　　　　　　　　　　　　　单位:元

资产	期末余额	年初余额	负债和所有者权益 (或股东权益)	期末余额	年初余额
流动资产:			流动负债:		
货币资金			短期借款		
交易性金融资产			交易性金融负债		
衍生金融资产			衍生金融负债		
应收票据			应付票据		
应收账款			应付账款		
应收款项融资			预收款项		
预付款项			合同负债		
其他应收款			应付职工薪酬		

续 表

资产	期末余额	年初余额	负债和所有者权益 （或股东权益）	期末余额	年初余额
存货			应交税费		
合同资产			其他应付款		
持有待售资产			持有待售负债		
一年内到期的非流动资产			一年内到期的非流动负债		
其他流动资产			其他流动负债		
流动资产合计			流动负债合计		
非流动资产：			非流动负债：		
债权投资			长期借款		
其他债权投资			应付债券		
长期应收款			其中：优先股		
长期股权投资			永续债		
其他权益工具投资			租赁负债		
其他非流动金融资产			长期应付款		
投资性房地产			预计负债		
固定资产			递延收益		
在建工程			递延所得税负债		
生产性生物资产			其他非流动负债		
油气资产			非流动负债合计		
使用权资产			负债合计		
无形资产			所有者权益（或股东权益）：		
开发支出			实收资本（或股本）		
商誉			其他权益工具		
长期待摊费用			其中：优先股		
递延所得税资产			永续债		
其他非流动资产			资本公积		
非流动资产合计			减：库存股		
			其他综合收益		
			专项储备		
			盈余公积		
			未分配利润		
			所有者权益 　（或股东权益）合计		
资产总计			负债和所有者权益 （或股东权益）总计		

6

表 6 - 3 利 润 表

编制单位：　　　　　　　　　　　　　　　___年___月　　　　　　　　会企 02 表
　　　　　　　　　　　　　　　　　　　　　　　　　　　　　　　　　单位：元

编制利润表

项目	本期金额	上期金额
一、营业收入		
减：营业成本		
税金及附加		
销售费用		
管理费用		
研发费用		
财务费用		
其中：利息费用		
利息收入		
加：其他收益		
投资收益（损失以"－"号填列）		
其中：对联营企业和合营企业的投资收益		
以摊余成本计量的金融资产终止确认收益（损失以"－"号填列）		
净敞口套期收益（损失以"－"号填列）		
公允价值变动收益（损失以"－"号填列）		
信用减值损失（损失以"－"号填列）		
资产减值损失（损失以"－"号填列）		
资产处置收益（损失以"－"号填列）		
二、营业利润（亏损以"－"号填列）		
加：营业外收入		
减：营业外支出		
三、利润总额（亏损总额以"－"号填列）		
减：所得税费用		
四、净利润（净亏损以"－"号填列）		
（一）持续经营净利润（净亏损以"－"号填列）		
（二）终止经营净利润（净亏损以"－"号填列）		
五、其他综合收益的税后净额		
（一）不能重分类进损益的其他综合收益		
1.重新计量设定受益计划变动额		
2.权益法下不能转损益的其他综合收益		
3.其他权益工具投资公允价值变动		

6

续　表

项目	本期金额	上期金额
4.企业自身信用风险公允价值变动		
……		
（二）将重分类进损益的其他综合收益		
1.权益法下可转损益的其他综合收益		
2.其他债权投资公允价值变动		
3.金融资产重分类计入其他综合收益的金额		
4.其他债权投资信用减值准备		
5.现金流量套期储备		
6.外币财务报表折算差额		
……		
六、综合收益总额		
七、每股收益：		
（一）基本每股收益		
（二）稀释每股收益		

6

项目七　填制纳税申报表

任务一　纳税申报填制说明及实训指导

公司于 2024 年 1 月 12 日申报纳税,请根据 2023 年 12 月份经济业务资料,填制本月增值税及附加税费申报表主表及附表(表 7—1—表 7—6)。

该企业城市维护建设税税率为 7%,教育费附加税率为 3%,不考虑地方教育附加。

(1)公司购买材料、设备、服务等取得的增值税专用发票,均在本期按要求申报,无前期认证于本期申报的增值税专用发票。

(2)"增值税纳税申报表附列资料(三)"中公司本年度只涉及金融商品转让项目,其他金额均为 0。

(3)"增值税纳税申报表附列资料(四)"只涉及增值税税控系统专用设备费及技术维护费,其他金额均为 0。

[实训指导]

(1)填表顺序提示:先填表 7—2—表 7—5 的附列资料,再填主表(表 7—1)。

(2)转让金融商品增值税申报。

① 转让金融商品销售额填列在"增值税纳税申报表附列资料(一)"的第 5 行第 5 列,其适用税率为 6%,对应的应纳税额填列在"增值税纳税申报表附列资料(一)"的第 5 行第 6 列。

注:转让金融商品销售额不应扣除交易费用及佣金等费用(不含税)。

转让金融商品销售额＝转让数量×转让单价/(1＋6%)。

② 转让金融商品的成本通过填列"增值税纳税申报表附列资料(三)"(服务、不动产和无形资产扣除项目明细)第 4 行"6%税率的金融商品转让项目",第 1 列填写转让金融商品销售额(含税);第 2 列填写除了年初第一期填 0 外,其他期间填列应查看科目余额表"转让金融商品应交增值税"是否有借方余额,如果期初有借方余额,该列应该填写相应的扣除金额[转让金融商品应交增值税借方余额/6%×(1＋6%)];第 3 列填写当期出售金融商品对应的含税成本金额(不含交易费用及佣金),第 5 列填写当期实际扣除金额,最高不得超过第 1 列的金额。

(3)旅客运输服务。

在"增值税纳税申报表附列资料(二)"第 8b 行和第 10 行各填写一次相应的金额。

取得航空运输电子客票行程单可抵扣的进项税额＝(票价＋燃油附加费)÷(1＋9%)×9%。

(4)税控设备维护费抵减税费。

① 在"增值税纳税申报表附列资料(四)"第 1 行"增值税税控系统专用设备费及技术维护费"中填写相应金额。

② 在"增值税纳税申报表"中第 23 行"应纳税额减征额"填写减免金额。

注:对于"减免金额"在填报"增值税纳税申报表"主表时要填列到第 23 行的"应纳税额减征额"。

(5)其他参考资料。根据"增值税纳税申报表(一般纳税人适用)"及其附列资料填制说明填写本月增值税纳税申报表主表及附表。

(6)有关增值税发票的开具及认证情况如表 7—7—表 7—9 所示。

任务二　填制增值税及附加税费申报表

表 7 - 1　增值税及附加税费申报表

（一般纳税人适用）

　　根据国家税收法律法规及增值税相关规定制定本表。纳税人不论有无销售额，均应按税务机关核定的纳税期限填写本表，并向当地税务机关申报。

税款所属时间:自　年 月 日至　年 月 日　　填表日期:　年 月 日　　金额单位:元(列至角分)

纳税人识别号(统一社会信用代码):　□□□□□□□□□□□□□□□□□□

所属行业:

纳税人名称:			法定代表人姓名		注册地址		生产经营地址	
开户银行及账号			登记注册类型				电话号码	

项　　目		栏次	一般项目		即征即退项目	
			本月数	本年累计	本月数	本年累计
销售额	(一)按适用税率计税销售额	1				
	其中:应税货物销售额	2				
	应税劳务销售额	3				
	纳税检查调整的销售额	4				
	(二)按简易办法计税销售额	5				
	其中:纳税检查调整的销售额	6				
	(三)免、抵、退办法出口销售额	7			——	——
	(四)免税销售额	8			——	——
	其中:免税货物销售额	9			——	——
	免税劳务销售额	10			——	——
税款计算	销项税额	11				
	进项税额	12				
	上期留抵税额	13				——
	进项税额转出	14				
	免、抵、退应退税额	15			——	——
	按适用税率计算的纳税检查应补缴税额	16			——	——
	应抵扣税额合计	17＝12＋13－14－15＋16		——		——
	实际抵扣税额	18(如 17＜11,则为 17,否则为 11)				
	应纳税额	19＝11－18				
	期末留抵税额	20＝17－18				——

7

续　表

项　　目	栏次	一般项目		即征即退项目	
		本月数	本年累计	本月数	本年累计
税款计算　简易计税办法计算的应纳税额	21				
按简易计税办法计算的纳税检查应补缴税额	22			——	——
应纳税额减征额	23				
应纳税额合计	24＝19＋21－23				
税款缴纳　期初未缴税额（多缴为负数）	25				
实收出口开具专用缴款书退税额	26			——	——
本期已缴税额	27＝28＋29＋30＋31				
①分次预缴税额	28		——		——
②出口开具专用缴款书预缴税额	29				
③本期缴纳上期应纳税额	30				
④本期缴纳欠缴税额	31				
期末未缴税额（多缴为负数）	32＝24＋25＋26－27				
其中：欠缴税额（≥0）	33＝25＋26－27		——		——
本期应补（退）税额	34＝24－28－29		——		——
即征即退实际退税额	35	——	——		
期初未缴查补税额	36			——	——
本期入库查补税额	37			——	——
期末未缴查补税额	38＝16＋22＋36－37			——	——
附加税费　城市维护建设税本期应补（退）税额	39			——	——
教育费附加本期应补（退）费额	40			——	——
地方教育附加本期应补（退）费额	41			——	——

声明：此表是根据国家税收法律法规及相关规定填写的，本人（单位）对填报内容（及附带资料）的真实性、可靠性、完整性负责。

纳税人（签章）：　　　　年　月　日

经办人： 经办人身份证号： 代理机构签章： 代理机构统一社会信用代码：	受理人： 受理税务机关（章）： 　受理日期：　年　月　日

7

表7-2　增值税及附加税费申报表附列资料（一）

（本期销售情况明细）

纳税人名称：（公章）

税款所属时间：　年　月　日至　年　月　日

金额单位：元（列至角分）

项目及栏次		开具增值税专用发票		开具其他发票		未开具发票		纳税检查调整		合计		价税合计 11=9+10	服务、不动产和无形资产扣除项目本期实际扣除金额 12	扣除后	
		销售额 1	销项（应纳）税额 2	销售额 3	销项（应纳）税额 4	销售额 5	销项（应纳）税额 6	销售额 7	销项（应纳）税额 8	销售额 9=1+3+5+7	销项（应纳）税额 10=2+4+6+8			含税（免税）销售额 13=11-12	销项（应纳）税额 14=13÷(100%+税率或征收率)×税率或征收率
一、一般计税方法计税	全部征税项目	13%税率的货物及加工修理修配劳务	1													
		13%税率的服务、不动产和无形资产	2													
		9%税率的货物及加工修理修配劳务	3													
		9%税率的服务、不动产和无形资产	4													
		6%税率	5													
	其中：即征即退项目	即征即退货物及加工修理修配劳务	6							——			——	——	——	——
		即征即退服务、不动产和无形资产	7							——			——	——	——	——
二、简易计税方法计税	全部征税项目	6%征收率	8													
		5%征收率的货物及加工修理修配劳务	9a							——			——	——	——	——
		5%征收率的服务、不动产和无形资产	9b							——			——	——	——	——
		4%征收率	10							——			——	——	——	——
		3%征收率的货物及加工修理修配劳务	11							——			——	——	——	——
		3%征收率的服务、不动产和无形资产	12							——			——	——	——	——

续 表

项目及栏次		开具增值税专用发票		开具其他发票		未开具发票		纳税检查调整		合计			服务、不动产和无形资产扣除项目本期实际扣除金额	扣除后	
		销售额	销项（应纳）税额	销售额	销项（应纳）税额	销售额	销项（应纳）税额	销售额	销项（应纳）税额	销售额	销项（应纳）税额	价税合计		含税（免税）销售额	销项（应纳）税额
		1	2	3	4	5	6	7	8	$9=1+3+5+7$	$10=2+4+6+8$	$11=9+10$	12	$13=11-12$	$14=13\div(100\%+$税率或征收率$)\times$税率或征收率
二、简易计税方法计税 全部征收项目	预征率 % 13a														
	预征率 % 13b														
	预征率 % 13c														
其中：即征即退项目 即征即退货物及加工修理修配劳务	14		——	——	——				——					——	——
即征即退服务、不动产和无形资产	15		——	——	——				——					——	——
三、免抵退税 货物及加工修理修配劳务	16		——	——	——		——		——		——			——	——
服务、不动产和无形资产	17		——	——	——		——		——		——			——	——
四、免税 货物及加工修理修配劳务	18		——	——	——		——		——		——			——	——
服务、不动产和无形资产	19		——	——	——		——		——		——			——	——

7

表 7-3　增值税及附加税费申报表附列资料(二)

(本期进项税额明细)

税款所属时间：　　　年　月　日至　　　年　月　日

纳税人名称：(公章)　　　　　　　　　　　　　　　　　　　金额单位:元(列至角分)

一、申报抵扣的进项税额				
项目	栏次	份数	金额	税额
(一)认证相符的增值税专用发票	1=2+3			
其中:本期认证相符且本期申报抵扣	2			
前期认证相符且本期申报抵扣	3			
(二)其他扣税凭证	4=5+6+7+8a+8b			
其中:海关进口增值税专用缴款书	5			
农产品收购发票或者销售发票	6			
代扣代缴税收缴款凭证	7		——	
加计扣除农产品进项税额	8a	——	——	
其他	8b			
(三)本期用于购建不动产的扣税凭证	9			
(四)本期用于抵扣的旅客运输服务扣税凭证	10			
(五)外贸企业进项税额抵扣证明	11	——	——	
当期申报抵扣进项税额合计	12=1+4+11			

二、进项税额转出额		
项目	栏次	税额
本期进项税额转出额	13=14至23之和	
其中:免税项目用	14	
集体福利、个人消费	15	
非正常损失	16	
简易计税方法征税项目用	17	
免抵退税办法不得抵扣的进项税额	18	
纳税检查调减进项税额	19	
红字专用发票信息表注明的进项税额	20	
上期留抵税额抵减欠税	21	
上期留抵税额退税	22	
异常凭证转出进项税额	23a	
其他应作进项税额转出的情形	23b	

7

续　表

三、待抵扣进项税额				
项目	栏次	份数	金额	税额
(一)认证相符的增值税专用发票	24	——	——	——
期初已认证相符但未申报抵扣	25			
本期认证相符且本期未申报抵扣	26			
期末已认证相符但未申报抵扣	27			
其中:按照税法规定不允许抵扣	28			
(二)其他扣税凭证	29=30至33之和			
其中:海关进口增值税专用缴款书	30			
农产品收购发票或者销售发票	31			
代扣代缴税收缴款凭证	32		——	
其他	33			
	34			

四、其他				
项目	栏次	份数	金额	税额
本期认证相符的增值税专用发票	35			
代扣代缴税额	36		——	——

表7－4　增值税及附加税费申报表附列资料(三)

(服务、不动产和无形资产扣除项目明细)

税款所属时间:　　　年 月 日至　　 年 月 日

纳税人名称:(公章)　　　　　　　　　　　　　　　　　　　金额单位:元(列至角分)

项目及栏次		本期服务、不动产和无形资产价税合计额(免税销售额)	服务、不动产和无形资产扣除项目				
			期初余额	本期发生额	本期应扣除金额	本期实际扣除金额	期末余额
		1	2	3	4=2+3	5(5≤1且5≤4)	6=4-5
13%税率的项目	1						
9%税率的项目	2						
6%税率的项目(不含金融商品转让)	3						
6%税率的金融商品转让项目	4						
5%征收率的项目	5						
3%征收率的项目	6						
免抵退税的项目	7						
免税的项目	8						

7

表 7-5 增值税及附加税费申报表附列资料(四)

(税额抵减情况表)

税款所属时间: 年 月 日至 年 月 日

纳税人名称:(公章)   金额单位:元(列至角分)

	一、税额抵减情况					
序号	抵减项目	期初余额	本期发生额	本期应抵减税额	本期实际抵减税额	期末余额
		1	2	3=1+2	4≤3	5=3-4
1	增值税税控系统专用设备费及技术维护费					
2	分支机构预征缴纳税款					
3	建筑服务预征缴纳税款					
4	销售不动产预征缴纳税款					
5	出租不动产预征缴纳税款					

	二、加计抵减情况						
序号	加计抵减项目	期初余额	本期发生额	本期调减额	本期可抵减额	本期实际抵减额	期末余额
		1	2	3	4=1+2-3	5	6=4-5
6	一般项目加计抵减额计算						
7	即征即退项目加计抵减额计算						
8	合计						

7

表7-6 增值税及附加税费申报表附列资料（五）

（附加税费情况表）

税（费）款所属时间： 年 月 日至 年 月 日

纳税人名称：（公章）

金额单位：元（列至角分）

税（费）种		计税（费）依据			税（费）率（%）	本期应纳税（费）额	本期减免税（费）额		试点建设培育产教融合型企业		本期已缴税（费）额	本期应补（退）税（费）额
		增值税税额	增值税免抵税额	留抵退税本期扣除额			减免性质代码	减免（费）额	减免性质代码	本期抵免金额		
		1	2	3	4	5＝(1＋2－3)×4	6	7	8	9	10	11＝5－7－9－10
城市维护建设税	1											
教育费附加	2											
地方教育附加	3											
合计	4	——	——	——	——		——		——	——		
本期是否适用试点建设培育产教融合型企业抵免政策		□是 □否										
可用于扣除的增值税留抵退税额使用情况		当期新增投资额					5					
		上期留抵可抵扣金额					6					
		结转下期可抵扣金额					7					
		当期新增可用于扣除的留抵退税额					8					
		上期结存可用于扣除的留抵退税额					9					
		结转下期可用于扣除的留抵退税额					10					

7

表 7－7　专用发票汇总表

制表日期：2024 年 01 月 04 日
所属日期：2023 年 12 月
专用发票统计表 1－01
专用增值税专用发票汇总表 2023 年 12 月
纳税人识别号：91340202723072128Q
企业名称：**安徽华胜节能灯有限公司**
地址电话：
江城市黄山东路 122 号 0553－5978112

★ 发票领用存情况 ★

期初库存份数 6	正数发票份数 6	负数发票份数 0
购进发票份数 24	正数废票份数 0	负数废票份数 0
退回发票份数 0	期末库存份数 24	

★ 销项情况 ★

金额单位：元

序号	项目名称	合计	13％	9％	6％	3％	其他
1	销项正废金额	0.00	0.00	0.00	0.00	0.00	0.00
2	销项正数金额	1 027 000.00	1 027 000.00	0.00	0.00	0.00	0.00
3	销项负废金额	0.00	0.00	0.00	0.00	0.00	0.00
4	销项负数金额	45 600.00	45 600.00	0.00	0.00	0.00	0.00
5	实际销售金额	981 400.00	981 400.00	0.00	0.00	0.00	0.00
6	销项正废税额	0.00	0.00	0.00	0.00	0.00	0.00
7	销项正数税额	133 510.00	133 510.00	0.00	0.00	0.00	0.00
8	销项负废税额	0.00	0.00	0.00	0.00	0.00	0.00
9	销项负数税额	5 928.00	5 928.00	0.00	0.00	0.00	0.00
10	实际销项税额	127 582.00	127 582.00	0.00	0.00	0.00	0.00

表 7－8　销售及开票情况统计表

单位：安徽华胜节能灯有限公司　　　　2023 年 12 月

开票情况	开票份数	金额	税率	税额	应税项目	备注
增值税专用发票	6	981 400.00	13％	127 582.00	销售货物	
未开票	1	142 452.83	6％	8 547.17	金融商品转让	买价 120 000.00 元

审核：江彬富　　　　　　　　填表：李辉

7

表 7-9　认证结果通知书

安徽华胜节能灯有限公司：

你单位于 2023 年 12 月远程认证的防伪系统开具的专用发票抵扣联共 14 份。经过认证，认证相符的发票共 14 份，金额 519 990.00 元，税额 64 707.20 元。

请将认证相符的专用发票抵扣联与本通知书一起装订成册，作为纳税检查的被查资料。

认证详细情况见本通知书所附清单。

2024 年 1 月 4 日

注：因 2023 年 12 月 19 日支付的职工培训费取得的增值税专用发票金额与学号挂钩，因此，每个人计算得出的进项税额是不一样的（以上结果是考虑学号以 1 结尾的情况）。

认证结果：金额＝519 940.00＋50×学号最后 1 位数；税额＝64 704.20＋3×学号最后 1 位数（学号最后一位为 0 的，以 10 代替）。

项目八 会计信息化实训

任务一 了解会计信息化技能实训要求

(1) 根据资料建立账套。

(2) 根据资料进行账套初始化设置。

(3) 按规定的要求,操作员处理日常业务,填制相关记账凭证。

(4) 按规定的要求,操作员对相关凭证进行出纳签字。

(5) 按规定的要求,操作员对相关凭证进行审核。

(6) 按规定的要求,操作员进行记账。

(7) 完成期末对账工作。

(8) 使用报表子系统中报表模板编制该公司的资产负债表,将报表命名为"学号＋资产负债表"并保存。

(9) 使用报表子系统中报表模板编制该公司的利润表,将报表命名为"学号＋利润表"并保存。

任务二 阅读实训期初建账资料

系统日期 2023 年 12 月 1 日

(一)打开系统管理进行建账

1. 账套信息

账套号:学号后三位;账套名称:安徽华胜节能灯有限公司。

单位名称:安徽华胜节能灯有限公司;单位简称:华胜节能灯。

单位其他信息如下:

(1) 企业地址:江城市黄山东路 122 号。

(2) 开户银行:中国工商银行镜湖支行。

(3) 纳税人识别号:91340202743072128Q。

(4) 企业法人代表:赵邦国。

(5) 财务负责人:陈家伟。

2. 核算类型

记账本位币:人民币(RMB);企业类型:工业;行业性质:2007 年会计制度科目;账套主管:默认;要求按行业性质预制会计科目。

3. 基础信息

该企业无外币核算,无分类。

4. 分类编码方案

科目编码 4-2-2-2,其余采用系统默认编码方案。

5. 数据精度

该企业对存货数量、单价的小数位数定为 2。

8

6. 立即启用总账

启用时间为 2023 年 12 月 1 日。

（二）增加用户并对用户授权

增加用户与用户授权内容如表 8-1 所示。

表 8-1　增加用户并对用户授权

编号	姓名	权限规定
001	自己学号	账套主管
002	自己姓名	具有"总账—凭证—凭证处理、审核凭证、查询凭证、科目汇总"以及"总账—期末—转账设置、转账生成"权限
003	王志	具有出纳权限，以及出纳签字权限

（三）以账套主管身份登录企业应用平台进行基础档案设置

1. 设置部门档案

部门档案设置资料如表 8-2 所示。

表 8-2　部门档案设置

部门编码	部门名称
1	生产车间
2	行政部
3	销售部

2. 设置职员档案

职员档案设置资料如表 8-3 所示。

表 8-3　职员档案设置

职员编码	职员姓名	性别	所属部门	状态	类别
101	自己学号		行政部	在职	正式工
102	自己姓名		行政部	在职	正式工
103	王志	男	行政部	在职	正式工
104	陈家伟	男	行政部	在职	正式工
105	陈晓东	男	行政部	在职	正式工
106	谢欣	女	行政部	在职	正式工
201	陈果	女	销售部	在职	正式工

3. 增加客户档案

客户档案设置资料如表 8-4 所示。

表8-4 客户档案设置

客户编码	客户简称	客户编码	客户简称
01	华联灯具	04	欣欣电子
02	福海家电城	05	红星家电城
03	时尚家具		

4. 增加供应商档案

供应商档案设置资料如表8-5所示。

表8-5 供应商档案设置

供应商编码	供应商简称	供应商编码	供应商简称
01	瑞丰科技	04	盛源科技
02	江城市供电总公司	05	中远高科
03	江城市供水公司		

5. 设置结算方式

结算方式设置资料如表8-6所示。

表8-6 结算方式设置

结算方式编码	结算方式名称	票据管理
1	汇兑	否
2	支票	否
201	转账支票	是
202	现金支票	是
3	其他	否

6. 凭证类型设置

凭证类型设置资料如表8-7所示。

表8-7 凭证类型设置

类型	限制类型	限制科目
记账凭证	无	无

7. 设置总账系统参数

总账系统参数设置资料如表8-8所示。

表 8 - 8　总账系统参数设置

选项卡	参数设置
凭证	不许修改、作废他人填制的凭证； 出纳凭证无须经由出纳签字； 赤字控制对所有科目起作用
其他	单价小数位设为 2 位；其他采用默认值； 用部门、个人、项目编码方式排序

（四）根据需要增加科目、修改科目

1. 需要增加的科目

需要增加科目的情况如表 8 - 9 所示。

表 8 - 9　需要增加的科目

科目代码	科目名称	方向	辅助账类型	计量单位
101201	存出投资款	借		
101202	银行汇票存款	借		
110101	海螺型材	借		
11010101	成本	借		
11010102	公允价值变动	借		
110102	海螺水泥	借		
11010201	成本	借		
11010202	公允价值变动	借		
140301	灯管	借	数量核算	个
140302	发光半导体	借	数量核算	个
140303	金属配件	借	数量核算	个
140401	灯管	借		
140402	发光半导体	借		
140403	金属配件	借		
140501	普通节能灯	借	数量核算	个
140502	LED 节能灯	借	数量核算	个
141101	办公桌椅	借		
14110101	在库	借	数量核算	套
14110102	在用	借		
14110103	摊销	借		
141102	工作服	借	数量核算	套
221101	短期薪酬	贷		
22110101	工资	贷		

8

科目代码	科目名称	方向	辅助账类型	计量单位
22110102	工会经费	贷		
22110103	职工教育经费	贷		
22110104	社会保险费	贷		
22110105	职工福利费	贷		
22110106	住房公积金	贷		
221102	离职后福利	贷		
22110201	养老保险	贷		
22110202	失业保险	贷		
222101	应交增值税	贷		
22210101	进项税额	贷		
22210105	销项税额	贷		
22210106	转出未交增值税	贷		
222102	未交增值税	贷		
222106	应交企业所得税	贷		
222112	应交个人所得税	贷		
410402	提取法定盈余公积	贷		
410410	应付股利	贷		
410415	未分配利润	贷		
500101	普通节能灯	借		
50010101	直接材料	借		
50010102	直接人工	借		
50010103	制造费用	借		
500102	LED 节能灯	借		
50010201	直接材料	借		
50010202	直接人工	借		
50010203	制造费用	借		
510101	材料费	借		
510102	人工费	借		
510103	折旧费	借		
510104	水电费	借		
510105	其他费	借		
660201	材料费	支出		
660202	人工费	支出		

续　表

科目代码	科目名称	方向	辅助账类型	计量单位
660203	折旧费	支出		
660204	水电费	支出		
660205	其他费	支出		
6115	资产处置损益	收入	（科目类型:损益）	
6117	其他收益	收入	（科目类型:损益）	
6702	信用减值损失	支出	（科目类型:损益）	

2. 需要修改的科目

需要修改科目的情况如表 8-10 所示。

表 8-10　需要修改的科目

科目代码	科目名称	修改内容	
		辅助账类型	受控系统
1121	应收票据	客户往来	取消
1122	应收账款	客户往来	取消
1123	预付账款	供应商往来	取消
2201	应付票据	供应商往来	取消
2202	应付账款	供应商往来	取消
2203	预收账款	客户往来	取消
6403	营业税金及附加	修改为:"税金及附加"	

3. 需要指定的科目

分别将"库存现金"和"银行存款"指定为现金科目和银行科目。

（五）2023 年 12 月会计科目发生额及期初余额

1. 损益类账户 1—11 月累计发生数

损益类账户 1—11 月累计发生数情况如表 8-11 所示。

表 8-11　损益类账户 1—11 月累计发生数

项目	1—11 月累计发生数	
	借方	贷方
主营业务收入		7 846 200
主营业务成本	5 426 000	
税金及附加	78 354.77	
其他业务收入		28 500
其他业务成本	14 640	
销售费用	326 580	

项目	1—11 月累计发生数	
	借方	贷方
管理费用	536 960	
其中:材料费	15 000	
人工费	200 960	
折旧费	98 000	
水电费	140 000	
其他费	83 000	
财务费用	91 350	
资产减值损失	2 400	
信用减值损失	1 000	
投资收益		246 800
公允价值变动损益		39 600
资产处置损益		38 600
其他收益		55 000
营业外收入		90 000
营业外支出	25 800	
合计	6 503 084.77	8 344 700

2. 12 月月初总账账户余额

12 月月初总账账户余额的情况如表 8-12 所示。

表 8-12 12 月月初总账账户余额

总账账户	借方余额	贷方余额
库存现金	1 800	
银行存款	985 000	
其他货币资金	308 300	
交易性金融资产	309 600	
应收票据	140 000	
应收账款	954 500	
坏账准备		1 909
材料采购		
原材料	550 000	
周转材料	20 600	

总账账户	借方余额	贷方余额
材料成本差异	11 690	
库存商品	1 230 000	
长期股权投资	2 500 000	
固定资产	3 090 000	
累计折旧		1 354 500
无形资产	800 000	
累计摊销		350 000
长期待摊费用	563 000	
短期借款		550 000
应付票据		140 400
应付账款		591 000
应付职工薪酬		15 050
应付利息		17 800
应付股利		
应交税费	313 675	
长期借款		800 000
实收资本		5 000 000
资本公积		230 000
盈余公积		323 600
本年利润		1 842 615.23
利润分配		678 215.77
生产成本	116 925	
制造费用		
主营业务收入		
主营业务成本		
税金及附加		
其他业务收入		
其他业务成本		
销售费用		
管理费用		
财务费用		
资产减值损失		

8

总账账户	借方余额	贷方余额
信用减值损失		
投资收益		
公允价值变动损益		
资产处置损益		
其他收益		
营业外收入		
营业外支出		
合计	11 895 090	11 895 090

3. 其他相关明细余额

(1)"原材料"明细账资料如表 8-13 所示。

表 8-13　"原材料"明细账(按计划成本核算)

总账科目	二级账户	计量单位	数量	计划单价	金额
原材料	灯管	个	20 000	10.00	200 000
原材料	发光半导体	个	24 000	14.00	336 000
原材料	金属配件	个	28 000	0.50	14 000
合计	—	—	—	—	550 000

(2)"材料成本差异"明细账资料如表 8-14 所示。

表 8-14　"材料成本差异"明细账(按计划成本核算)

明细科目	计划成本	差异金额	差异率
灯管	200 000	2 800	1.40%
发光半导体	336 000	9 040	2.69%
金属配件	14 000	−150	−1.07%
合计	550 000	11 690	

(3)"周转材料——在库"明细账资料如表 8-15 所示。

表 8-15　"周转材料——在库"明细账(按实际成本核算)

二级科目	计量单位	数量	实际单价	金额
办公桌椅	套	10	1 500.00	15 000
工作服	套	20	280.00	5 600
合计	—	—	—	20 600

（4）"库存商品"明细账资料如表 8－16 所示。

表 8－16 "库存商品"明细账（按实际成本核算）

明细科目	计量单位	数量	实际单价	金额
普通节能灯	个	12 000	40.00	480 000
LED 节能灯	个	15 000	50.00	750 000
合计		27 000		1 230 000

（5）三栏式明细账户余额情况如表 8－17 所示。

表 8－17 三栏式明细账户余额表

总账账户	二级账户	明细科目	借方余额	贷方余额
其他货币资金				
	存出投资款		208 300	
	银行汇票存款		100 000	
交易性金融资产				
	海螺型材（1 万股）	成本	120 000	
		公允价值变动	25 400	
	海螺水泥（1 万股）	成本	150 000	
		公允价值变动	14 200	
应收票据				
	华联灯具 凭证号：记－112 摘要：销售 日期：2023－10－30		50 000	
	福海家电城 凭证号：记－116 摘要：销售 日期：2023－11－20		90 000	
应收账款				
	华联灯具 凭证号：记－98 摘要：销售 日期：2023－10－09		350 000	
	时尚家具 凭证号：记－95 摘要：销售 日期：2023－09－10		268 000	
	欣欣电子 凭证号：记－20 摘要：销售 日期：2023－11－10		326 500	

8

续 表

总账账户	二级账户	明细科目	借方余额	贷方余额
	红星家电城 凭证号：记-28 摘要：销售 日期：2023-10-14		10 000	
周转材料				
	办公桌椅	摊销		
	办公桌椅	在用		
应付票据				
	瑞丰科技 凭证号：记-29 摘要：采购 日期：2023-9-25			140 400
应付账款				
	江城市供电总公司 凭证号：记-19 摘要：供电 日期：2023-11-28			48 000
	江城市供水公司 凭证号：记-15 摘要：供水 日期：2023-11-27			56 000
	盛源科技 凭证号：记-49 摘要：采购 日期：2023-10-30			117 000
	瑞丰科技 凭证号：记-56 摘要：采购 日期：2023-09-25			136 000
	中远高科 凭证号：记-50 摘要：采购 日期：2023-08-30			234 000
应付职工薪酬				
	短期薪酬			
		工资		
		工会经费		6 800
		职工教育经费		8 250
		社会保险费		
		职工福利费		

续　表

总账账户	二级账户	明细科目	借方余额	贷方余额
		住房公积金		
	离职后福利			
		养老保险		
		失业保险		
应交税费				
	应交增值税			
		进项税额		
		销项税额		
		转出未交增值税		
	未交增值税			106 325
	应交企业所得税		421 520	
	应交个人所得税			1 520
利润分配				
	提取法定盈余公积			
	应付股利			
	未分配利润			678 215.77

（6）生产成本明细账资料如表 8-18 和表 8-19 所示。

表 8-18　生产成本明细账

产品名称：普通节能灯　　　在产品数量：1 200 个

2023 年		凭证字号	摘要	成本项目			合计
月	日			直接材料	直接人工	制造费用	
12	1		月初在产品成本	25 680	15 800	6 865	48 345

表 8-19　生产成本明细账

产品名称：LED 节能灯　　　在产品数量：1 300 个

2023 年		凭证字号	摘要	成本项目			合计
月	日			直接材料	直接人工	制造费用	
12	1		月初在产品成本	38 620	22 360	7 600	68 580

任务三 进行公司日常业务处理

【操作要求】

（1）根据手工资料部分内容，以 002 身份进行填制凭证、查询凭证、查询账簿的操作。

（2）以 001 身份进行出纳签字、审核、记账；以 002 身份进行转账定义和转账生成，将损益类账户余额结转到本年利润，并编制相关分录。

（3）以 001 身份进行凭证审核、记账、结账和账簿查询的操作。

任务四 生成报表

（1）进入报表模块，利用报表模板生成资产负债表，保存到自己的文件夹，保存名称：学号＋报表名。（注意公式）

（2）进入报表模块，利用报表模板生成利润表，保存到自己的文件夹，保存名称：学号＋报表名。

主要参考文献

[1] 财政部会计财务评价中心.初级会计实务[M].北京:经济科学出版社,2024.

[2] 财政部会计财务评价中心.经济法基础[M].北京:经济科学出版社,2024.

[3] 中国注册会计师协会.会计[M].北京:中国财政经济出版社,2024.

[4] 赵春宇,何秀秀,郑兴东.成本会计实训[M].北京:高等教育出版社,2022.

[5] 丁增稳,杨应杰.会计综合实训[M].4 版.北京:高等教育出版社,2022.

教学资源服务指南

感谢您使用本书。为方便教学，我社为教师提供资源下载、样书申请等服务，如贵校已选用本书，您只要关注微信公众号"高职财经教学研究"，或加入下列教师交流QQ群即可免费获得相关服务。

"高职财经教学研究"公众号

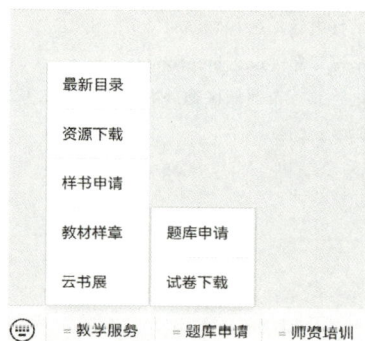

最新目录	
资源下载	
样书申请	
教材样章	题库申请
云书展	试卷下载

= 教学服务　　= 题库申请　　= 师资培训

资源下载： 点击"**教学服务**"—"**资源下载**"，或直接在浏览器中输入网址（http://101.35.126.6/），注册登录后可搜索相应的资源并下载。（建议用电脑浏览器操作）

样书申请： 点击"**教学服务**"—"**样书申请**"，填写相关信息即可申请样书。

样章下载： 点击"**教学服务**"—"**教材样章**"，即可下载在供教材的前言、目录和样章。

题库申请： 点击"**题库申请**"，填写相关信息即可申请题库或下载试卷。

师资培训： 点击"**师资培训**"，获取最新会议信息、直播回放和往期师资培训视频。

联系方式

会计QQ3群：473802328　　　会计QQ2群：370279388　　　会计QQ1群：554729666

（以上3个会计QQ群，加入任何一个即可获取教学服务，请勿重复加入）

联系电话：（021）56961310　　　电子邮箱：3076198581@qq.com

在线试题库及组卷系统

我们研发有十余门课程试题库："基础会计""财务会计""成本计算与管理""财务管理""管理会计""税务会计""税法""税收筹划""审计基础与实务""财务报表分析""EXCEL在财务中的应用""大数据基础与实务""会计信息系统应用""政府会计""内部控制与风险管理"等，平均每个题库近3000题，知识点全覆盖，题型丰富，可自动组卷与批改。如贵校选用了高教社沪版相关课程教材，我们可免费提供给教师每个题库生成的各6套试卷及答案（Word格式难中易三档，索取方式见上述"题库申请"），教师也可与我们联系咨询更多试题库详情。